聪明人是怎样用钱赚钱的

秦仁杰　齐巍◎著

CONGMINGREN SHI ZENYANG
YONG QIAN ZHUANQIAN DE

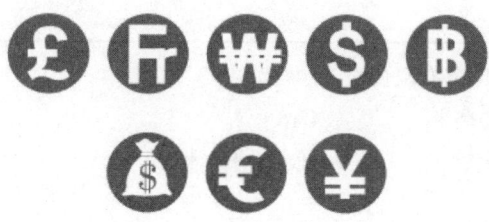

图书在版编目（CIP）数据

聪明人是怎样用钱赚钱的/秦仁杰，齐巍著.--上海：立信会计出版社，2016.10
（去梯言）
ISBN 978-7-5429-5209-7

Ⅰ.①聪… Ⅱ.①秦…②齐… Ⅲ.①投资—基本知识 Ⅳ.①F830.59

中国版本图书馆CIP数据核字(2016)第216327号

策划编辑　蔡伟莉
责任编辑　于　欣
封面设计　久品轩

聪明人是怎样用钱赚钱的
CONGMINGREN SHI ZENYANG YONG QIAN ZHUANQIAN DE

出版发行	立信会计出版社			
地　　址	上海市中山西路2230号	邮政编码	200235	
电　　话	（021）64411389	传　真	（021）64411325	
网　　址	www.lixinaph.com	电子邮箱	lxaph@sh163.net	
网上书店	www.shlx.net	电　话	（021）64411071	
经　　销	各地新华书店			

印　　刷	固安县保利达印务有限公司
开　　本	720毫米×1000毫米　　1/16
印　　张	15.25　　　　插　页　1
字　　数	195千字
版　　次	2016年10月第1版
印　　次	2021年12月第10次
书　　号	ISBN 978-7-5429-5209-7/F
定　　价	36.00元

如有印订差错，请与本社联系调换

秦仁杰与马云接受采访

秦仁杰与潘石屹

秦仁杰与聚美优品陈欧

秦仁杰与IDG熊晓鸽

秦仁杰与中银副总裁朱燕来

秦仁杰与新东方俞敏洪

秦仁杰与王中军

唐骏推荐秦仁杰的畅销书

秦仁杰与黄渤

秦仁杰与黄晓明

秦仁杰与刘嘉玲

秦仁杰与林志玲

秦仁杰与美图蔡文胜

秦仁杰与大导演张纪中

秦仁杰与何炅

秦老师与王思聪

秦仁杰与58同城姚劲波

秦仁杰与刘翔亲密贴面

齐巍与唐骏

齐巍与吴桂贤

齐巍与蔡文胜

齐巍与徐小平

齐巍与张锦贵

齐巍与向华强

前　言

当前中国经济一直处于低迷阶段，M2（广义货币）超发，股市疲软，房地产泡沫之大前所未有，实体经济一蹶不振。越是在这种经济不景气的环境下，我们越要学会正确、实用的理财投资方法，使自己的钱贬值得比别人慢一点。只有贬值得比别人慢一点，我们才有可能在金融危机来临之前生存下来，并有可能逆势生长。

怎么投资理财呢？把钱存银行吗？又怕负利率。开店做买卖吗？房租高、利润薄，还有电商在前面挡发财路。那么开淘宝、网店好了？可惜投入大、推广难、竞争强。炒股吧？弄不好就得赔个底朝天。股市有风险，进入须谨慎。看来看去，感觉什么都不好做！可是为什么有些人无论是生意还是日子看上去仍然过得风生水起、红红火火呢？因为他们懂理财懂投资，其实理财投资不过三件事：拼命赚钱，然后每天都给自己存点钱，接着用钱生钱。

我和齐巍因为工作缘故，有幸结识了众多国内外企业界大佬、金融界前辈以及不少成功人士。从他们（马云、王健林、潘石屹等）身上不难发现：第一，聪明人，无论是多么困难，多么穷，最后总能找到赚钱的方法；第二，聪明人大多是懂得以钱赚钱的人。这两个发现，越是在金融市场待得久，越明显。

在这两个重大发现的基础上，我根据自己所学的资本分拆法、企业融资36计、诺贝尔资产配置模型、中小企业上市融资方案等，开创出"互联网资本模式"和"资本融合36心法"，帮助了多个企业成功上市，也帮助很多创业者完成了梦想。

为了帮助更多有梦想的、想变成有钱人的年轻人，在这本书里，我将和国内资本市场"挂牌之王"、业界传奇人物——齐巍，用浅显易懂的语言，结合适合大众理解的赚钱故事、将我们多年来的心得和体会，分成10大章与读者分享，内容涉及聪明人对金钱的看法、聪明人致富的守则和定律、聪明人需要懂得的7个理财技巧、聪明人理财的7种思维、聪明人如何存储自己的钱财、聪明人如何投资债券、聪明人如何投资股票、聪明人如何投资基金、聪明人何如投资房产、聪明人如何购买保险等。

如果你想要成为一个有钱人，如果你想要成为更有钱的人，希望本书能带来帮助。

本书在编写过程中因为时间仓促，若有不足和不恰当的地方，敬请读者批评指正。

秦仁杰
2016年夏

目录

Chapter 01　聪明人是如何看待金钱的 / 001

　　认识和运用金钱的规律　/ 001

　　投资理财不是富人的专利　/ 004

　　要向富人学习，而不是仇恨他　/ 006

　　工作时，不要只为了工资　/ 008

　　天下没有不劳而获的财富　/ 010

　　人脉投资的回报超越了金钱　/ 014

Chapter 02　聪明人致富的守则和定律 / 018

　　守则1：最多只花掉收入的90%　/ 021

　　守则2：为你的开支做预算　/ 023

　　守则3：让每一分钱都赚利息　/ 026

　　守则4：努力避免财富的损失　/ 028

　　守则5：要拥有自己的房子　/ 029

　　守则6：事先为家人生活做准备　/ 030

　　守则7：拥有并提高赚钱的能力　/ 032

　　运用金钱的五条定律　/ 035

Chapter 03　聪明人理财的 7 个技巧　/ 041

技巧 1：记账　/ 042

技巧 2：增加收入　/ 047

技巧 3：节约开支　/ 049

技巧 4：处理债务　/ 055

技巧 5：制定计划　/ 059

技巧 6：合法避税　/ 064

技巧 7：开始行动　/ 070

Chapter 04　聪明人理财的 7 种思维　/ 074

思维 1：适度冒险　/ 074

思维 2：稳健复利　/ 078

思维 3：警惕暴利　/ 080

思维 4：不熟不做　/ 083

思维 5：杠杆思维　/ 086

思维 6：信息致富　/ 089

思维 7：把时间当朋友　/ 092

Chapter 05　聪明人如何储蓄理财　/ 097

储蓄的种类　/ 097

储蓄的注意事项　/ 099

储蓄小窍门　/ 101

存款利息的计算方法　/ 103

避免存款本金损失的技巧 / 106

外币储蓄怎样划算 / 109

巧用信用卡 / 111

Chapter 06 聪明人如何投资债券 / 116

债券的种类 / 116

债券的性质和特征 / 120

债券的偿还 / 121

怎样计算债券收益 / 123

债券投资时机的选择 / 124

债券投资的风险因素 / 126

债券投资风险的防范 / 128

债券基金会不会赔钱 / 130

久期、到期收益率和收益率曲线 / 131

债券信用是怎样评级的 / 133

国债基础知识 / 135

Chapter 07 聪明人如何投资股票 / 137

股票市场的不可预测性 / 137

股票市场的波动原理 / 140

投资的安全边际 / 144

投资的洼地效应 / 147

选择市场性优异的股票 / 149

选择有潜力的低价股 / 150

选择强势产业的股票 / 151

分析炒作题材 / 151

顺势投资法 / 155

"拔档子"操作法 / 156

保本投资法 / 156

守株待兔法 / 158

以静制动法 / 159

分散投资组合法 / 159

试探性分开投资法 / 161

定式投资计划 / 161

Chapter 08　聪明人如何投资基金 / 164

什么是基金 / 164

基金品种大观 / 165

开放式基金和封闭式基金的区别 / 167

买基金就选"三好"基金 / 168

基金投资勿忘风险 / 169

长投心态战胜市场 / 171

如何掌握基金投资的方法 / 172

基金定投 / 173

基金投资的四个价值点 / 174

买基金需掌握六点评估法则 / 176

投资基金的经验与教训 / 177

理性看待基金排名 / 178

如何计算基金的总回报 / 179

Chapter 09　聪明人如何投资房地产 / 182

为何房地产投资吸引人 / 182

投资房地产的优势 / 184

投资房地产的弊端 / 185

住房投资的六种模式 / 187

哪些情况适合租房 / 189

选房要会"望、闻、问、切" / 191

哪些房子更有升值潜力 / 193

哪些房地产是投资"雷区" / 195

投资房地产，精品才抗跌 / 198

"房奴"如何理财还贷 / 199

买期房怎样付款合算 / 202

买二手房的细节问题 / 204

如何让二手房卖个好价钱 / 208

Chapter 10　聪明人如何购买保险 / 210

保险，人生的防护墙 / 210

认识保险类别 / 212

人生各个阶段的保险规划 / 216

哪些人最需要买保险 / 218

如何长期投资分红保险　/ 219

买保险时要注意抠细节　/ 223

买保险的六要六不要　/ 224

保险理赔注意事项　/ 226

后记　不得不理财的现代人

Chapter 01
聪明人是如何看待金钱的

两个同时毕业的年轻人,每个月都拿6000元的薪水,都感到挣钱不易,攒钱很难。他们在都市打拼,租住着郊区的房子,穿着档次相同的衣服,喝着同一品牌的啤酒,谈着差不多相似的恋爱……

五年过去了,其中一个年轻人依然囊中空空,另一个却有十万元出头的净资产。

原因是什么?那是因为后一个年轻人从上班的第一个月开始,就在银行开设了一个基金账户,签署了一个定投划款协议,基金公司每个月在发薪日自动从其户头划走800元投入基金账户。五年之后,他每个月的这笔"小钱"为他赚了一倍多的利润!

在理财这件事情上,后一个年轻人是值得学习的聪明人。

认识和运用金钱的规律

1999年4月,美国的财务专家罗伯特·清崎和企业家莎伦·莱希特合著出版了一本书,名叫《富爸爸穷爸爸》,他们在书中首次提出"财商"的概念。

财商,是指财富智商,Financial Quotient(英文缩写为FQ),指个人认识、创造和管理财富的能力，包括观念、知识、行为三个方面。

财富观念。财富观念是创造财富的动力、基础，没有正确的财富观念，就不可能走上致富之路，如双赢创财，能力创财，机遇创财，信誉创财。

财富知识。财富知识是经营活动中必须具备的修为和能力，是创造财富的基本保证，如个人品质、经济知识、财务知识、投资知识和法律知识等。

财富行为。财富行为是指财富创造能力的外在表现。财富创造是一种实践活动，它将财富观念和财富素质创造性地融进实际经营活动的方方面面，在智慧的指导下，将财富观念和财富知识转化为现实的财富行为，如储蓄、投资、资本运作、创业、规避风险等。

财商具有如下特征。

（1）财商是指一个人在财务方面的智力，是理财的智慧。

（2）财商可以通过后天的专门训练和学习得以提高，改善你的财富智商，可以联动地改善你的财务状况。

（3）财商是一个人最需要的能力，也是最容易被人们忽略的能力。由此可见，一个漠视财商的人，一定是个现实感很差的人。

（4）财商包括两方面的能力：一是正确认识金钱及金钱规律的能力；二是正确应用金钱及金钱规律的能力。

（5）财商不是孤立的，而是与人的其他智慧和能力密切相关的。

财商是每一个人都具备的，只是许多人被一些传统的金钱观念桎梏着，逃不出"思维的牢笼"。另外，由于教育的缺陷，我们很多人被家庭和学校的传统教育所误。尽管一些人拥有很高的教育水平，却缺乏最基本的理财知识，最终为了获得更多的物质财富，不得不陷于疲于奔命的困境。

罗伯特·清崎批评了传统教育的缺陷，他说："之所以在世界上大多数人为了财富奋斗终生而不可得，其主要原因在于他们都曾在各种学校中学习多年，却从未学习过如何理财。其结果是只知道为了钱拼命工作，却从不去思索如何让钱为他们工作。"他还说:"今天,即使只是为了生存下去我们也需要提高自己的财商。只有工作才能创造钱的思想是在财务上不成熟的思想。这并不意味着他们不聪明,只不过是没有学到挣钱的学问。"

在所有的财商原则中,罗伯特·清崎十分明确地强调,如果你想致富,你必须明白资产与负债的区别,并且要尽可能地购买资产。这是致富的第一法则,也是唯一的法则。富人是获得资产,而穷人和中产阶级是获得负债。

那么,什么是资产?什么是负债?

资产,就是你所拥有的事物——金钱、房子、汽车、电话、知识等——能够带来金钱的那一部分。

你拥有一部汽车,如果它是你的代步工具,那它就不是一个资产,因为它不能给你带来任何金钱的收入。但是如果你把这部汽车用于婚礼出租,那租金收入就使这部汽车成你的资产。

负债——就是消耗现有金钱或资产的必要开支。

你买进一辆汽车或房子,由于你要定期缴纳汽车贷款、房子贷款、维护费用等,因此它们实质上构成了你的负债。

简言之,资产就是能把钱放进你口袋里的东西,而负债是能把钱从你口袋里取走的东西。

你要想致富,就要尽可能买入资产并增加资产放进你口袋里的钱的数量——增加资产性收入,同时减少负债并减少负债从你口袋里取走的钱——开支。当你的资产性收入能够稳定地大于开支时,你就开始用钱来生钱了。

美国人丹尼尔·洛维在近40岁时还很穷,某一天,他突然醒悟了。他发现可以用负债买入资产的方式来赚钱,具体做法是:先说服银行给他贷款买一条旧货船,然后将船改装成油轮,进行出租,又以这艘油轮作抵押再向银行贷款买一条货船,同样改装成油轮出租,在不到十年时间,他通过不断的贷款、买船、出租,生意越做越大,竟成为美国有名的亿万富翁。

丹尼尔·洛维此前对航运业非常了解，他知道油轮的租金收入（资产性收入）远大于利息支出（负债），因此他买入的资产越多，收入的增长就越快。在他的身上，生动地说明了财商出众的人，能够认识金钱的规律，并有能力运用这种规律。

投资理财不是富人的专利

有多少钱，才可以开始投资理财呢？

问这个问题的人，还处在还不懂金钱规律的无知阶段。

他们会认为"有钱才有资格谈投资理财"。事实上，100元有100元的理财方法，100万元有100万元的理财方法，只要你愿意开始行动，起点时的金钱数量并不重要。

有一些年轻人，他们会说："我每月就那么点固定收入，应付日常生活开销就差不多了，哪来的余财可理呢？"听上去言之有理，实际上骨子里还是认为"理财是有钱人的专利，与自己的生活无关"。有这种想法的人，主动把自己排斥到理财的队伍之外，他们将陷入"因为没钱，所以不理财；因为不理财，所以永远没钱"的贫困循环里。

事情的真相是：越是没钱的人越需要理财，越需要学习理财的知识和技巧。

我记得2011年的时候，我工作换到一家新单位。办公室有一位大姐，看到我时常关注外汇行情，就说自己还存有1200美元。我问她什么时候买的这笔外汇。大姐有点羞涩地说，这笔钱是她2004年外派到美国进修的时候，单位给的外汇补贴，她省吃俭用没舍得花完，回国后就一直存在银行里。我大吃一惊，问她为什么不早点把美元换成人民币存着？大姐说想留着等将来万一有出国机会的时候再取出来用。

　　大姐的手头并不宽裕。如果告诉她有一件事，只需要花十分钟去趟银行，就可以赚到 1 500 元，她一定会非常感兴趣。然而她浪费了这样机会。当我告诉她 2004 年 1 美元可以换 8.27 元人民币，而 2011 年却只能换回不到 7 元人民币的时候，她懊丧的表情给我留下了深刻的印象。

　　我还认识一位"月光"男孩，每个月收入 3 000 元左右，在西安这样的城市，算是正常的工薪收入了。他总是抱怨钱不够花，我问他每个月在哪方面的花销最大？他一脸茫然，说想不起来，反正钱如流水，来了就没。我给他画了一张入门级别的支出分析表，让他坚持记录三个月，然后来找我。一个月后，他就跑来找我了，说很奇怪，自从坚持记录支出之后，他这个月竟然没有"月光"了！

　　理财，绝不是有钱人的专利。只要开始学习理财的知识和技巧，任何人都能开始自己的理财之旅，并迅速感受到理财的乐趣。

　　事实上，越是囊中羞涩，越是要学习理财。假如你身上有 1 万元，但因理财错误，造成财产损失，很可能立即就会出现危及你生活保障的许多问题，而拥有百万、千万、上亿元"身价"的有钱人，即使理财失误，损失其一半财产亦不致影响其原有的生活质量。又比如两个年龄相同的年轻人，一个是穷二代，一个是富二代，哪一个更需要学习理财呢？穷二代若不发愤图强，学习理财并掌握金钱的规律，那么很可能会一直窘迫下去。而那个富二代，只要不做败家子，谈不上能有多大出息，但却会衣食无忧。当然如果这个富二代也能勤勉地学习投资理财，那他将会让父辈的财富创造出更多的财富。

　　因此，必须先树立一个观念，不论贫富，理财都是伴随人生的大事，在这场"人生经营"的过程中，越穷的人就越输不起，对理财更应严肃而谨慎地去对待。

要向富人学习，而不是仇恨他

你是怎样看待富人的？

富人的钱都来路不正！

富人赚的都是黑心钱！

应该杀富济贫！

……

如果你认同上面这些想法，那对你走上致富之路是不利的。因为这些想法，会把你心中刚刚燃起的致富之火，轻易地浇灭。

在当代中国，当众表明对富人的好感是一件危险的事情。经济学家茅于轼曾经写过一篇文章叫《替富人说话，为穷人办事》，结果招致网民的一片谩骂，甚至有人写文章诬蔑他身上有汉奸的血统，有一种不把他搞臭誓不罢休的架势。

在中国古代各朝代的末期，民不聊生，官逼民反，造反者往往打出"杀富济贫"的旗号。然而，造反的穷人大多也都是善良的百姓，要让他们把大刀砍向"近日无仇，远日无怨"的富人，也不是一件心安理得的事。若要为杀富济贫的暴力行为找到正义感的支持，就要激发穷人对富人的憎恨，让穷人不要顾及个人恩怨和社会伦理，要从穷富对立的角度无缘无故地恨富人。于是，穷富对立、丑化富人、把富人妖魔化，就是造反者灌输给穷人的意识形态。在历史上，经过如此反复的意识形态强化，仇富心理就成了中国传统文化中的潜在基因。

杀富济贫是把富人的财富转移到穷人手中，整个社会的财富并没有增长。"杀富"的后果是在肉体上消灭了创造财富的人，在精神上消灭了人们渴望致富的梦想。

一旦通过暴力杀戮完成了改朝换代，杀富济贫的行为就会马上停止，因为恢复生产还需要有人创造财富，还需要重新唤醒底层民众追求幸福、渴望致富的梦想。所以在各朝代的早期，天下初定，轻徭薄赋、鼓励生产、保护私产又重新成为国家治理的意识形态主旋律。

尊重富人、保护私有财产，实质上是尊重人们致富的梦想，保护人们追求幸福的权利。如果经济要增长，社会要发展，就要鼓励勤劳致富，不能仇富。

我们来看一个中国人在网上撰写的亲身经历。

在洛杉矶，一位美国朋友开车带作者去看富人区。到那儿一瞧，千姿百态的房子和庭院，优雅、宁静、舒适，真如人间天堂。作者忽然有个问题："你们看到富人住这么漂亮的房子里，会不会嫉妒？"

他的这位美国朋友惊讶地看着他说："嫉妒他们？为什么？他们能住在这里，说明他遇上了一个好机会。如果将来我也遇到好机会，我会比他们做得还好！"这便是标准的"老美"式的回答。他们很看重机会。

后来在日本，一位日本朋友说也要陪作者看看不远的一个富人区。日本的富人区小巧、幽静、精致，每座房子都像一个首饰盒，也挺美。他又想到上次问过美国人的那个问题，便问日本朋友："你们看到富人区住着这么漂亮的房子，会嫉妒吗？"

这个日本朋友稍稍想了想，摇摇头说："不会的"，继而他解释道："如果一个日本人看见别人比自己强，通常会主动接近那个人，和他交朋友，向他学习，把他的长处学到手，再设法超过他。"

再后来，一位中国南方的朋友来看作者，闲谈中说到他们的城市发展得很快，已经出现外国那种"富人区"了。他饶有兴趣地打听其中的情形，据说有的院子里还有喷泉池、车库，门口有保安。他问道："有没有人去富人区参观?"

"有呀,常有人去看。但不能进去,在门口扒一扒头而已。"这位南方朋友说。

"心理反应怎么样?会不会嫉妒?"

"嫉妒?"他眉毛一扬,笑道,"何止嫉妒,恨不得把那小子宰了!"

……

这位网友写的文章,既反映了中国人当前的仇富心理,也揭示了经济发达国家培育出的对待富人的健康态度。

如果一个社会仇恨富人,结果只能是大家一起变得更穷。而如果一个社会尊重富人,结果却是激发每个人致富的梦想。梦想致富的人多了,社会要想不富裕都难。这些道理,可能正是中国人有待补上的一课。

犹太人的经典《塔木德》里说:"穷也要站在富人堆里"。这句话生动地表达了犹太人对待富人的态度。为什么穷也要站在富人堆里呢?因为和富人在一起,才能有机会借用他们的眼光,探听他们的信息,分享他们的人脉,学习他们的经验。正是因为保持对富人的尊敬,不断学习成功者的方法和经验,犹太人在社会各界人才辈出,被称为世界上最会赚钱的人。

工作时,不要只为了工资

你从工作中得到了一份薪水,可以养家糊口,可以把薪水的一部分用于储蓄、理财和投资。

但这些都不是最重要的。最重要的是你通过工作,可以学习某个行业的经验、积累有专业知识的人脉资源,并且有机会接触到富人并向他们学习。

有人说,成功就是20几岁时,给优秀的人工作;30几岁时,跟优秀的人合作；40几岁时，找优秀的人给您工作；50几岁时，把别人变成优秀的人。这样的见识可谓一语中的，说出了工作不是只为了工资的真理。

胡雪岩曾在钱庄里做伙计，李嘉诚曾在舅舅的钟表行做推销员，柳传志创业前在中科院计算所做政工干部，马云曾是杭州师范学院的英语教师……富人都曾经有过为工资工作的经历，但他们的过人之处，是不会只为工资而努力工作，他们在工作中认识社会、掌握技能、历练自己的眼光和见识，最终成为众所仰慕的成功者。

台湾的张博仪被称为"房产投资神童"。他25岁时，名下就有两套房子，银行账户内有250万元（新台币，下同），连同储蓄和保险，合计资产近千万元，扣除房贷后的净资产也超过600万元。这都是他自己赚来的！

他父亲退伍后多次创业失败，结果赔掉了两套房，全家变成租房一族，还常常被人追债，过年也只能吃泡面……这段苦日子让张博仪告诉自己："钱很重要，没人想过苦日子！"他还把买房当成人生重要的奋斗目标。"有房、有地，人家就觉得你有钱！"

张博仪20岁刚进大学时在淡水念书，当同学们忙着熟悉环境、参加社团时，他把网上可以找得到的淡水地区法院拍卖房屋的信息全抄了下来，每天一下课就去观察地形、探查房价。他还买了一本房屋买卖的书籍研读，书中提到要向大楼管理员打听房屋状况，张博仪就去找大楼管理员聊天。

在和大楼管理员聊天的过程中，张博仪结识了房地产投资客黄石兰，开始跟着他跑法院、四处看房。同学们逃课去看电影、约会，张博仪逃课跟着黄石兰去抢购被拍卖的房产。

就这样跟着成功者黄石兰"见习"了一年，在21岁生日前夕，才念大二的张博仪，以总价183万元在淡水新春街买下一套被法院拍卖的房。买下这套房后，张博仪把它重新分隔，除了自住外，还分租给同学，从此开始了"包租公"生涯。

半年后,眼见房价上涨,张博仪以250万元卖出了这套房子,还清房贷后赚到了他人生中的"第一桶金"。这让他下定决心,靠房地产累积财富。之后的7年多里,他买卖了10多套房子。为了降低房子租不出去的风险,张博仪买房,尽量挑大学附近的房子,然后打出"带衣服、课本入住即可"的广告语。他凡事都自己来,贴地砖、刷油漆、买打折的低价家具,让每套房子里都有全套家具和电器,能上网。他奉行"低租金策略",租金保持超低价,让房子始终满租。

张博仪的经历,启发我们:工作不是为了赚取工资,而是为了学习知识、收获经验。事实上,这也是张博仪秉持的工作理念。

大学毕业当完兵,张博仪发现,出租车辆和出租房屋类似,都可以赚进稳定的现金流。为了解行规,他转行到租车行去当理赔员,此后又跳槽到保险公司,学习处理车祸理赔等,还买了一辆二手车,开始打造第二份租金收入。

天下没有不劳而获的财富

从前,在阿拉伯有一位英明的国王。他励精图治,臣民丰衣足食、安居乐业。国王深知没有长久的富贵。他担心死后国家会走向衰落,人民的幸福也不能长久。于是,他召集国内的有识之士,命令他们找出一条能够使确保人民生活幸福的永世法则。

过了3个月的时间,学者们终于把3大本6寸厚的帛书呈献给国王说:"知识就是财富。陛下,天下的知识都汇集在这3本大书里,只要人们读完它,就能确保他们生活无忧。"

国王不以为然,因为他觉得人们不会花那么多的时间来把这些书读完。

于是，学者们只好继续钻研。

过了两个月，3本书已经精简成了薄薄的一本书，但国王还是不满意。

一个月后，学者们把一张纸呈献给国王。国王很满意，说道："只要我的人民日后都能奉行如此宝贵的智慧，他们一定能过上富裕、幸福的生活。"

国王死后，学者们公布了国王的遗诏，只有一句话：天下没有不劳而获的财富。

2001年，小布什总统决定取消遗产税。全美国120个超级富豪，包括索罗斯、比尔·盖茨、巴菲特等联名登了广告，标题是"请来向我收税"。他们完全反对美国政府的做法，他们认为美国政府这种取消遗产税的做法将会使得他们的子女不劳而获。比尔·盖茨的父亲老威廉在请愿书中写道："取消遗产税将使美国百万富翁、亿万富翁的孩子不劳而获，使富人永远富有，穷人永远贫穷，这将伤害穷人家庭。"巴菲特也表示："取消遗产税是个大错误，是极其愚蠢的。取消遗产税会造就一个贵族阶级。"

巴菲特告诫孩子们说："那种以为只要投对娘胎便可一世衣食无忧的想法，损害了我心中的公平观念。"巴菲特说这番话的时候，正值公司召开股东大会，1.5万名股东听罢掌声雷动，巴菲特接着说："我的孩子们也在这里！他们是不是也在鼓掌？"

《华尔街日报》曾经公布了一项调查结果，表明即使美国取消遗产税，仍有50%的美国有钱人打算把自己至少一半的财产捐给社会，只留下一部分财产给子孙。

美国社交网站Facebook的创办人马克·艾略特·扎克伯格，被人们冠以"盖茨第二"的美誉。据《福布斯》杂志保守估计，马克·扎克伯格拥有135亿美元身家，是2008年全球最年轻的巨富，也是历来全球最年轻的自行创业亿万富豪。2015年12月2日，扎克伯格为庆祝女儿降生，他承诺将夫妻二人持有Facebook的99%股份捐赠给慈善机构，用以推进人类潜能和促进平等。

为了迎接女儿的降生，而不留财富给女儿继承，这种思维让很多中国人难以理解。事实上，这些世界上最富有的阶层，他们是真正理解了"天下没有不劳而获的财富"这句话的。

有些人认为有钱人一定每天都在享受闲暇，过着吃喝玩乐、随心所欲的日子。这是一个常见的误会。普通人没有深入了解富人生活方式的机会，因此就会把自己的猜测当成事实。

巴菲特够有钱吧，他的勤奋也人所共知，"每天早上下床之前，就在盘算如何赚钱"。即使人们以为巴菲特是在享受的时候，其实他的头脑中也不忘赚钱。在投资迪斯尼公司前，他会一个人穿着格子西装带着公文包去看动画电影，只是为了了解票房情况；周末他与老朋友芒格各自带着家人去迪斯尼乐园，当孩子们玩得兴高采烈时，两人则从财务的角度对每项娱乐设施进行逐一分析。有一次，巴菲特的一对朋友夫妇去了埃及旅游，回来后邀请巴菲特夫妇吃晚饭。饭后东道主夫妇兴致勃勃地拿出投影仪，要给巴菲特夫妇欣赏一下他们在埃及拍的照片，巴菲特却说："我有一个更好的提议，你们在客厅欣赏金字塔的照片，我去你们书房看一会儿年报怎么样？"

小米手机的创始人雷军曾被称为"最勤奋的CEO"。他在金山软件的16年里，一直坚持每天工作十几个小时，勤勤恳恳，鞠躬尽瘁，终于在16年中拼出上亿元的财富，后来华丽转身创办了赫赫有名的"小米"。

香港的实业家郑裕彤以巨大的成功载入了香港经济史册，受到了世人的瞩目。如今只要你翻开"周大福"的创业史，每一页都有郑裕彤先生60年如一日的奋斗足迹：他以自己60年勤奋进取的实际行动，证实了心诚、体勤是成功的不败原理，是创富的不二法则。

洛克菲勒告诫他的儿子们："我们的财富是对我们勤奋的嘉奖。"

一位百万富翁曾经说过："我不知道有谁能够不经过勤奋工作而获得成功。"

寓言中的守株待兔的人，曾经不费吹灰之力就得到一只兔子，但此后他就再也没有得到半只兔子。所以，不要指望不劳而获的成功。

反观很多普通人的例子，会让人感到吃惊。

2015年上半年股市狂飙突进，吸引很多人把钱投入股市，然后就看着账户的钱一天天变多，这钱赚得也太容易了吧！只不过，这些利润都是"纸上富贵"，待到2015年7月初股市转熊之后，不仅利润吐了出去，连本钱也亏损了一大半。这些人开始骂庄家、骂社会、骂政府、骂证监会，唯独没有骂自己。

有人说股市是赌场，赚钱全凭运气。这话可能只有10%的正确性。要在股市中长期稳定地赚钱，靠的也是长期的努力和勤奋。因为工作关系，我认识很多职业股民，他们能够以炒股为生，无一不是找到了长期稳定赚钱的方法，他们每天的工作时间无一不是在10个小时以上。

一个比较典型的职业股民的作息时间表是这样的：早晨8点钟开始工作，翻看欧美股市、黄金、钢铁、原油、外汇等的隔夜行情，浏览当日国内的主要新闻，然后在9点钟之前修订前一晚制定的当日交易计划。稍事休息，等待9点15分的集合竞价。从9点15分到下午3点休市，这中间除了午饭时间，都在紧张地看盘和交易中度过。休息和晚餐过后，晚上8点开始工作，复盘，研磨当日大盘和个股走势的各种细节，制定次日的交易计划，浏览当晚的财经新闻和个股的研报、公告，直至子夜12点就寝休息。

再对照身边很多所谓的"股民"，他们买了股票后，就盯着行情软件，等着上涨，热衷于打探消息，却不热衷于学习知识和努力钻研。没有投资计划，也没有交易反思，赚了是财运好，赔了就责怪股市无情。这种希望天上掉馅饼的炒股方式，怎么能和勤勤恳恳的职业投资者博弈呢？

无论是经营企业、投资股票，还是买卖黄金、基金、外汇，即使是储蓄和买银行的理财产品，无一不需要时间的投入和精力的专注，如果抱着不劳而获、轻松致富的念头，那么财富遇到你也会绕道而走。

这个世界上，最可怕的不是别人比你聪明比你有钱，而是比你聪明比你有钱的人比你更勤奋。了解了金钱运作规律的人，会真正懂得这句话背后隐藏的真理。

人脉投资的回报超越了金钱

哈佛大学曾经针对贝尔实验室的顶尖研究员做过一项调查。他们发现，被大家认同的杰出人才，专业能力往往不是重点，关键在于顶尖人才会采用不同的人际关系策略。这些人会多花时间，与那些在关键时刻可能对自己有帮助的人培养良好的关系，在面临问题或危机时更容易化险为夷。

哈佛学者发现，当一位表现平平的工作人员遇到棘手的问题时，也会努力去请教专家，之后却往往因苦候没有回音，而白白浪费时间。顶尖人才则很少碰到这种问题，这是因为他们在平时就已经建立丰富的人脉资源网，一旦有事请教立刻便能得到答案。

这份研究报告指出，人脉资源网络深具弹性，每一次的沟通都为这个复杂的资源网多织一条线，渐渐地形成牢不可破的网络。依赖这种网络，很多哈佛的精英获得了成功。

哈佛大学的辍学生比尔·盖茨，在创业之初就懂得利用自己身边的人脉资源。因为比尔·盖茨的母亲是 IBM 的董事，所以比尔·盖茨 20 岁时签到了第一份合约，钓到了 IBM 这条"大鱼"。在企业发展阶段，比尔·盖茨充分利用合作伙伴的人脉资源。他的合伙人保罗·艾伦和史蒂芬·埃洛普不仅为微软贡献他们的聪明才智，也贡献了他们的人脉资源。

红顶商人胡雪岩曾说过："一个人的力量到底是有限的。就算有三头六臂，又办得了多少事？要成大事，全靠'和衷共济'，说起来我一无所有，有的只是朋友。"

事实上，在理财过程中，人际关系本身就是一种资源。如果你拥有丰富的资源却不善于利用，不懂得借势取利的道理，实在是大为可惜。

陈永泰是台湾的巨富，他说过一句这样的话："聪明人都是通过别人的力量，去达成自己的目标。"学会如何利用人际关系"借鸡下蛋"，是每一位踏入社会的人应该掌握的一门必不可少的学问。

新东方学校的俞敏洪讲过一句话，他说："你要想知道你今天究竟值多少钱，你就找出身边最要好的3个朋友，他们收入的平均值，就是你应该获得的收入。"这句话确实很有道理。我们和我们身边的人都是互相影响的，这种影响包括许多方面：能力、人际关系、上进心、态度等，这就势必造成我们之间的收入呈现一致性和平均化。有一句话说："三十岁前靠打拼，三十之后靠人脉。"从现在起，就应该对我们人脉资源的建立重视起来。

以下是从很多事业有成的人身上，总结出来的建立人脉的原则。

（1）互惠原则。利人利己是一种双赢的人际关系模式，美国汽车大王亨利·福特曾说过："如果成功有秘诀的话，那就是站在对方立场来考虑问题，能够站在对方的立场，了解对方心情的人，不必担心自己的前途。"只有这样，才能赢得人们的信任与好感，建立融洽的人际关系。

（2）互赖原则。人和人之间的关系都是相互的。如果我们只想拥有而不想给予，那是一个自私的人，而自私的人是不会拥有真正的朋友的。主动地去帮助对方，在困难时才会得到对方的帮助。

（3）分享原则。分享是一种最好的建立人脉网的方式。无论是智慧、知识，或者力量，你如果跟别人分享的话，你会发现，你所拥有的不仅没有减少，反而增加了许多。

另外，经营人脉网络，还有以下的建议和忠告。

1. 增加自己的被利用价值

在如今的社会上，社交活动往往伴随着利益在其中。在盘点人脉关系前，冷静问问自己：我们能为他们提供什么帮助？如果你无法被人利用，就说明你不具有价值，你越容易被人利用，你就越容易建立坚强的人脉关系。

一位30岁的未婚青年曾经这样说："我的另一半应该在天平的另一边，我有多重，她就会有多重；我有多少价值，她就有多少价值。所以我要先提高自己的价值，这样我才能找到一个同样价值的老婆，我对老婆的要求就是我对自己的要求。"这恰当地说明两个人之间的关系是建立在彼此对等的价值上的。

2. 向他人传递自己的价值

"好酒也怕巷子深"。在人际交往中，要善于向别人传递你的"可利用价值"，从而促成交往机会，彼此更深入地了解和信任对方。

3. 向他人传递他人的价值，成为人脉关系的一个枢纽

你有自身的价值，你身边的很多朋友各有自己的价值，那么为什么不把他们联系起来，彼此传递更多的价值呢？如果你只是接受或发出信息的一个终点，那么人脉关系产生的价值是有限的；但是，如果你成为信息和价值交换的一个枢纽中心，那么别的朋友也更乐意与你交往，你也能促成更多的机会，从而巩固和扩大自己的人脉关系。

所以，寻找并且建立自己的价值，然后把自己的价值传递给身边的朋友，并且促成更多信息和价值的交流，这就是建立强有力的人脉关系的基本逻辑。

简而言之，人脉关系遵循着经济学的基本常识，那就是有投资也有回

报。可是却又超出了经济学能够解释的范围，因为在人脉上不起眼的小投资，可能换来日后的大回报。

人脉是金，却又贵于黄金；黄金有价，人脉却无价。20岁靠体力赚钱，30岁靠脑力挣钱，40岁以后则靠交情赚钱，可见人脉是事业成功必不可少的保证。从现在开始，擦亮双眼，为你的人脉投资吧！

Chapter 02
聪明人致富的守则和定律[1]

巴比伦在历史上一直以"全世界首富之都"著称于世，其财富之多超乎想象。巴比伦并非一直就是这么富裕。巴比伦能够富裕，是因为巴比伦百姓有理财的智慧。理财和致富之道是所有巴比伦人首先要学习的。这一切，来自于萨贡王[2]的治理。

萨贡王是巴比伦历史上的一位明君，然而当他打败埃兰族回到巴比伦时，严重的问题浮出水面了。辅国大臣告诉他："修建灌溉用的伟大运河和诸神的圣殿，多年以来使百姓享受着繁荣盛世，这都是陛下的恩德。但是，现在这些工程现已完工，百姓的生存也出现困难。劳工没了工作，商人的顾客锐减，农夫的作物卖不出去，而百姓想买粮食，身上的金子却不够。"

萨贡王急切地问："这些工程不是花了很多金子吗，它们都跑哪儿去了？"

大臣回禀："现在，恐怕是巴比伦城中的少数极富有的几个人手握着全部这些金子。从百姓的指缝到富人手中，这些金子流动的速度之快，恰如山羊奶流向挤奶人手里。大部分百姓目前并无积蓄，因为金子流到富人

---

[1] 本章的内容节选自美国作家乔治·克拉森的著作《巴比伦富翁的投资理财课》，立信会计出版社出版，斯凯恩译。已获授权。
[2] 公元前二十四到二十三世纪的巴比伦王，为两河流域第一个统一大国的开国君王。

手里就不再流通了。"

萨贡王思索一阵，问道："那少有的几个富翁，是怎样获得所有金子的？"

大臣回答道："因为他们知道怎么积攒金子。一般人不会因为某人懂得成功之道而责骂他。再怎么追求公义的官员，也不会把一个人用正当手段赚得的财富夺来，分给其他较无能耐的人。"

萨贡王质疑："但是为什么？难道全国百姓不会学习如何积攒金子，好让自己变有钱吗？"

大臣回禀："百姓学会储蓄和富有的方法？这是很有可能的，陛下。但是让谁教他们呢？祭司们吗，他们根本不懂怎样赚钱，因此当然是行不通的。"

萨贡王追问："在巴比伦，最精通致富之道的人是谁？"

大臣回道："陛下，您不妨想想整个巴比伦拥有财富最多的人是谁。"

"我知道了，阿卡德最富有的名声早已传遍巴比伦。我能干的爱卿，我要尽快召见他。"

收到萨贡王的谕旨，阿卡德第二天就来到皇宫了。他已经七十岁了，但在面见萨贡王时依然精神饱满，而且神情愉快。

萨贡王问道："阿卡德，巴比伦的第一富人真的是你吗？"

阿卡德回答："跟陛下听说的一样，这是大家公认的。"

"你这么富有，是怎么做到的？"

"利用机会，我的陛下，而巴比伦城的每个百姓也能够遇到我所遇到的机会。"

"难道你不曾依赖什么基础吗？"

"有，只是对财富的无限渴望而已。"

萨贡王说道："阿卡德，我们城里的情况现在是很糟糕的。懂得致富方法的人只有少数几个人，财富都垄断到他们手里了，但是，在留住所获金子和理财问题上，百姓们知之甚少。巴比伦成为全世界最富有城市是我的热切期望，这个城市必须充满富翁，才能达到这一目的。因此，我们必须把致富的方法传授给所有人民。阿卡德，你说致富可有诀窍？如果有，可以把它教给我的子民、你的同胞吗？"

阿卡德回道："陛下，可以的。致富之道可经任何一个精通者教给别人。事实上，这是件相当实际的事情。"

听了此话，萨贡王眼睛闪出亮光，说道："此言正合我意。阿卡德，把这项任务交给你，烦请你费神出力，可否？我会让一批教师向你学习理财知识，再让他们传授其他人，如此传下去，直至全国百姓可以向足够多的教师学习你致富之道。你愿意传授吗？"

阿卡德鞠了个躬，说道："小民遵命，我愿说出我所知的一切理财知识，以增加我同胞的福祉，以光大我国王的荣耀。我还有一个请求，希望吾王能令某大臣为我组建一个百人研习班，我要把七条金融学的致富玉律教给他们，要让巴比伦的所有穷人脱贫。"

萨贡王就这样下旨了。两星期之后，一百个研习生都已精选出来。在国家讲坛所的大厅里，他们围着小桌的周围坐成了一个半圆。奇妙的香气不时从桌上的一盏圣灯中飘出来，让人感觉很舒服。

坐在小桌旁边的，正是阿卡德，此刻他正站起来，而一位研习生轻轻推了邻座一下，说道："看哪！那个人就是全巴比伦最大的富翁，而我们看不出他跟我们有什么差别。"

阿卡德开始讲述：

"承蒙吾王之恩，托以如此重任。现在，我就站在你们面前，将要帮助国王完成愿望。我们的国王知道，我也曾是一名穷苦的青年，也曾渴望得到金银财宝，只不过后来找到了致富的诀窍，因此命我在此讲授我掌握的知识。

跟每个巴比伦公民一样，我成功之前也是一穷二白，没有什么优势。

一个破得不能再破的钱袋，就是我的第一个库房。它总是空空如也，这让我感到厌恶；它需要总是鼓鼓的，并时常发出金子碰撞的声响，那才是我所渴望的。为了让钱袋鼓起来，我四处流行寻求妙方，终于找到了七个。

我即把这七条玉律明白地告诉诸位，这些建议，也将是我献给所有渴望致富者的。我会用七天时间来解说这七条守则，一天一条。

在我讲述时，请各位注意听讲。无论跟我辩论，还是跟同学探讨，都将是允许的。你们要深刻领会这些功课，若想为自己的钱囊种下财富的种子，就离不开这些功课。你们若想拥有理财的能力，就必须先要积攒自己的财富；你们若想把这些道理讲给他人听，唯一条件是自己先有钱。

这几个让钱袋饱满的方法，都还算简单，但它们是进入财富殿堂的第一步，要迈入这个殿堂，第一步必须要稳，否则就是妄想。我就要告诉你们这些方法。

我们现在要说的是第一条守则。"

守则 1：最多只花掉收入的 90%

坐在第二排中有一个人好像在思考什么，阿卡德问他："我的朋友，你的职业是什么？"

那位先生答道："我是个泥版刻写员。"

阿卡德说："一开始的时候，我也是干这个的。我就是凭借那份同样的工作赚到第一个铜钱的，因此，你们变富有的机会，跟我是一样的。"

阿卡德看到有一位先生气色红润，坐得比较靠后，遂问他："请你也说说自己谋生的职业，好吗？"

那位先生说:"我是个屠夫。先宰割从畜农那里买来的山羊,然后向家庭主妇出售羊肉,向鞋匠出售羊皮,让他去做凉鞋。"

阿卡德说:"你成功的优势比我当初大,因为你不但有自己的劳力付出,而且有中转获利的便利。"

在场者的职业被阿卡德问了个遍。问完最后一个,他说:"你们现在应该看出来了吧,赚钱的方式,无论贸易或劳动,都有许多种;每一种都是一个管道,把劳动者的劳力转换成的金子流入他的腰包。因此,每个人本事的大小,决定流入其腰包金子的多少,是不是这样?"

学员们无不赞同。

阿卡德继续道:"那么,利用已经拥有的收入开始建立自己的财富,是一个聪明的做法,对不对?"

学员们无不赞同。

阿卡德转过身问一个看着不起眼的人:"如果你找到一个篮子,每天早晨放进十个鸡蛋,晚上拿走九个,天长日久,结果会是怎样?"那人在前面已经说过自己是经营鸡蛋的。

"篮子迟早会装满鸡蛋的。"

"为什么呢?"

"我每天往篮子那样放进和拿出鸡蛋,会有一个鸡蛋留在篮子里。"

阿卡德转向全班,面带笑容地说道:"你们可有谁的钱袋是瘪的?"

一听这话,这些学生都笑了起来,然后都纷纷挥动自己空空的钱袋,开起玩笑了。阿卡德接着说:"听我说,你们应该按照我给蛋商的建议去做,这就是我告诉你们的第一个脱贫守则。想让你们的钱袋快速鼓起来,那么,你们每往钱袋里放入十个硬币,最多只能花掉其中九个。你们抓钱袋的感觉,会因它的加重而变得美妙。你们的灵魂也会因此有充实感。

我说的这些话,听起来是非常简单的,但你们不能讥笑。这是我之前允诺要传授给你们的致富之路的第一步。我的腰包，过去跟你们一样也是瘪的，里面没有钱，我就无法满足我的许多欲望，这一切令我恼恨。但是，我的腰包最后鼓起来了，那就是我坚持放进十个硬币并只花九个的结果。你们这样做的话，腰包必定也会鼓起来。

我现在要告诉你们一个极为奇妙的真理：比起以前，我生活的舒适度，并没有因我的支出总是少于十分之九的收入而下降，没过多久，我反而可以更轻松地积攒铜钱了。我简直想不明白，这个道理为何会如此奇妙。不得不承认，这个道理是也许是诸神赐给人的规定吧！金子只会更容易流入那些部分支出其储蓄的人的家门，而不是全部支出者。为何也不会流入钱袋空空的人手里？其中的道理是一样的啊！

两种结果，你们最希望自己是哪一种呢？能够享用珍珠、宝石、华服和美食，恣意进行物质享受，难道不正是你们每天期望得到的满足吗？当然，切实拥有财产、黄金、土地、牛羊群、商品和回报丰厚的投资，也是你们所期盼的。满足前一项的，是你们从钱袋里取出的那些铜板，而满足后一项的，是你们存入的那些。

在场诸位，'最多花掉每收入十个铜板中的九个'，这就是我发现的让钱袋鼓起来的第一招。你们现在可以互相讨论了，我乐意听到任何人反驳我，如果他能够证明这话没有道理的话。不过要等到明早的课堂上。"

守则 2：为你的开支做预算

第二天，阿卡德接着讲述。他说："如果一个人的收入尚且不能支付日常开销，又怎么能存下十分之一呢？这是某个学生向我提出的问题，为此我要问大家，昨天你们多少人的钱袋空无一物？"

"所有人。"全班异口同声答道。

阿卡德说："但是，你们每个人都有不等于其他人的收入额。有的人能比其他人赚更多的钱，而有的人可能要养活很多家人。然而，钱囊空空是你们共同点。关于人类有一个真理，我现在就要告诉你们：我们的'必要支出'等于我们的收入。如果你们不有意反其道而行，那么这永远成立。

你们的必要开销，不同于你们的欲望。你们的工资，永远无法满足你们和你们家人的欲望。如果满足这些欲望正是你们赚取钱财的目的，那么，你们将耗尽所有钱财，可是那样也无法满足你们。

所有人都有无数欲望，那不是他们能够满足的。在你们看来，我肯定能够满足自己的所有欲望了吧，毕竟我这么富有。告诉你们，那完全错了！时间、精力、旅游路程、食物、可享受的乐趣，这些东西对我来说都是有限的。

一个不小心，野草就会抓住农夫留下的空地萌生并极速生长，同理，欲望也会抓住你们预留的空间而极度膨胀。人有数不尽的欲望，只有寥寥几个能被你满足。

你们应对你们的生活习惯进行一番精细地分析。你们可能会发现，有些开销完全是可以删减的，尽管当初你们认为理所当然的。你们不妨把'钱要花在刀刃上'这样的话作为自己的座右铭，你们支出的每一分钱，都应发挥它的全部价值。

因此，你们要把每件你们迫切想要花钱享受的事刻在泥版上。你们钱袋里十分之九的钱，应该用于支付你们选出来的确实必要的事。而其他不必要的，都可以删除；不能惯着这些欲望，要认为它们在无数欲望中是不起眼的，否则你们将得灾难性的后果和无穷的后悔。

你们接下来要做的是计划好那些必要的支出。你们的钱袋正在被那笔十分之一的存款鼓起来，千万不要轻易花费它们。储蓄可以极大地满足你们，你们时刻都要实践着它。为了更好地理财，你们随时都可以做出和调整预算，但是，保持那正鼓起来的腰包，永远是首要任务。"

一位学生此时站起来发问，他的袍子间杂着金色和红色："预算不能管制我；我该花多少钱，我要在什么地方花钱，不应由预算说了算。因为我没有必要从事工作，我相信，对人生各种美好事物的享受，就是我的权利。在我的印象中，我的许多人生乐趣，将因做出预算而消失，我会感觉背着重担，跟一头驴没有差别。"

阿卡德答道："我的朋友，你预算的决定者是谁？"

"我自己啊。"

阿卡德说："你把预算者比作一头负重的驴，那么，珠宝、地毯和沉重的金条也包含在它的预算范围内吗？不是那样的。只有从沙漠驮回来的稻草、谷粮和大水袋这些东西，才会被它纳入考虑范围。

使自己的腰包饱满，才是做预算的目的。有了预算，你仍然可以进行日常的必要享受，同时也能让你满足其他欲望，而且，那是在你能力范围之内完成的。预算的好处在于，帮助你把感觉最迫切的、你所看重的欲望变成现实，而且，就算突然冒出其他愿望，也不会使这些欲望落空。预算如同是一盏明灯，就像照亮黑暗中的洞穴一样照亮你腰包的漏洞。见到漏洞，你就可以堵住了，放纵某些欲望而挥霍钱财的事情，你也就不会再去做了。

脱贫第二守则就是为你的支出做预算。用以支付和满足必要开销、其他享受和值得的欲望的足够钱财，有了预算就成为可能，而且，这些是在你的花费低于十分之九的限制条件下完成的。"

守则 3：让每一分钱都赚利息

第三天，阿卡德讲解道："现在，你们已经能够管住自己，坚持存下十分之一的收入，并能够为了守护增加中的财富而控制支出——看吧！你们的腰包已经越来越鼓了。如何让财富自己为我们生出财富，是我们接下来要讨论的问题；当然，我们也要思考增加财富的秘诀。装满金子的钱袋有什么意义呢？它只是让一个吝啬鬼的灵魂满意而已。

我们储存收入的金子，只是第一步。我们财富的养成，靠的是这些金子本身赚来的钱。

那么，问题就在于如何让这些储蓄为我们所用。我的第一次投资全部打水漂了，过后我会讲述这个悲惨事故的。当我把钱借给一个名叫艾吉尔的盾匠时，我在投资上才开始第一次获利。他是做铜生意的，每年都要买入几艘船那么多的铜，铜是从海外运来的。他为什么向有余钱的人借钱呢？就是因为他没有那么多钱买铜啊。他最终会卖掉铜制品，而且一定会偿还本息给借钱给他的人。他为人是实诚的。

我拥有了更多的资本，不仅如此，附加在资本上的钱也在持续增长，因为我每次借钱都能从他那里收取利息。所有这些钱，最后都回到我的腰包里，这无疑是最让人兴奋的。

你们要记住，钱袋里铜板的数量，不能决定一个人财富的多寡。一个人的财富，取决于他积攒收入的多少，取决于他的腰包是否饱满和是否有钱财不断流入。你们以及世上每个人，无不渴望你们的腰包在不断增加金钱，而工作或旅行都不会造成影响。

我的财富已经够多了，称我为富翁并不过分。我在投资上第一次获利并得到智慧,就是从借钱给艾吉尔的经历开始的。随后,我的财富一直在增长,同时,借款和投资金额,也越来越多。能够向我借钱的人,也从开始的几个逐渐增多。我的钱袋总是在持续进账,因此我相信,这么理财是明智的。

你们看!我的收入本来是少得可怜的,我却积攒出了一堆黄金,它们是我的奴隶,全部都为我所用,为我生产了更多黄金。帮我挣钱的,还有这些金子的子子孙孙。因此,我的钱库总是满的。

有一个农夫,在他的第一个儿子出生之后,把十块银钱拿到一位钱庄老板那里。老板是经营贷款业务的,农夫要求老板在他儿子不满十二岁之前一直替他放款,还要求把一切所得利息都滚入本金,因为所有的钱是为儿子准备的。其实,老板原先答应每四年返还百分之二十五利息来着。农夫在他儿子二十岁时候去索要这笔银钱,老板明确指出,那十块银钱现在已经变成了三十块五多了,因为其计算方式是本利共息①。农夫十分高兴,不过他再次把这笔钱托给钱庄去放款了,因为他儿子目前用不到。钱庄老板在农夫的这个儿子四十五岁时结算了所有钱款,因为农夫在去世了。这笔银钱总共是一百二十三块多。

算一下,在这四十五年里,利息使这笔钱几乎增长到了原来的十二倍多!合理的投资,会快速增加你们的钱财。通过这个例子,你们应该明白这个道理了吧。

脱贫第三守则就是这样:让每一分钱繁衍出利息,以增加你的所得,使你的腰包一直有进账,就像作物在农田积聚一样。"

---

① 本利共息,即复利,是定期把利息滚入本金的方式。在这个故事中,利息是每四年25%,二十年共有5个计息期,(1+25%)的五次方等于3.052,再乘以本金10块银钱,就等于三十块五了。

守则 4：努力避免财富的损失

第四天，阿卡德讲道："灾祸喜欢降临到人头上，它向来都是这样。我们应该存下并守护小额的金子，因为如果不看护好，腰包里丢金子的情况可能随时发生；在老天没有把更多的金子赐给我们之前，要一直守护下去。

无数看似能够赚到更多钱的投资机会，可能会考验所有拥有金子的人。一般说来，此类投资可能是你们的朋友及亲人特别期待的，他们也希望你们参加进去，并热切催促你们。

如果你们还没有确认向你们借钱者的能力和信誉能够保证偿还，就不要把钱借给任何人。否则，借钱就可能变成无偿的送礼，那可是你们费煞苦心的积蓄啊！如果你们对一项投资的风险还没有达到透彻的了解，也不要把你们的钱借给任何人去投资。

对做第一笔投资时的我来说，那投资的结果堪称悲惨。他是一名叫阿兹慕的砖匠，他的生意将跨越重重大洋前往提尔城，并许诺我说，他会买一些腓尼基的名贵珠宝，然后回来变卖，再跟我平分利润，于是我把一笔积蓄全部托给了他。岂料他遇到了一批混蛋腓尼基人，他们竟然把酷似珠宝的玻璃卖给了他。那可是我整整一年积攒下来的钱啊，就这样全部打水漂了。不过，经过训练的我如今已经明白，把钱给砖匠去做珠宝生意，简直愚蠢之极；我已经在这一点上相当敏锐了。

我给你们的忠告是：从我的失败中吸取教训，不要自作聪明地让投资陷阱吞没你的财富。在这一方面，多多讨教经验丰富的人是保险的。此类专业忠告，你们可以无偿听取。你们收获回报的速度，可能会很快，而且其数量与你们期望中的利润相等。事实上，使你们免遭损失才是这些忠告的真正益处。

总之，对于你们的财富，一要保持，二要避免损失。如果要投资，只做安全的投资，或是做可以随时取回资本的投资，或是不至于收不到合理利息的投资。脱贫致富的第四守则就是这样，它因能够鼓起并维持你们的钱袋而十分重要。

你们跟有智慧的人商量，他们所给的理财良言，你们要谨慎地遵守。有了他们的智慧，你的财富会得到良好的保护，危险投资会被隔离。你们要听从他们。"

守则5：要拥有自己的房子

第五天，阿卡德继续讲述："一个人，如果他能够为了生活和人生享受而支出十分之九的收入，并无损于生活质量地花掉另外十分之一的每一分钱去投资，其财富增长的速度就会加快。

绝大多数的巴比伦男人要向地主交房租；养花可以满足其趣味，可他们的妻子找不到多余的地方；他们的孩子们想做游戏，也找不到空地，非要玩耍，只好在又脏又乱的巷子里进行——他们承担着沉重的养家糊口的责任。

所谓生活的享受，要求有一大片干净的土地。孩子们的玩耍，妇女们对花的收拾和养护，都需要这样的一片土地。甚至家人要吃蔬菜，也要有一片地可以种。

我想向所有人提议，你们应该拥有自己的房子。那样一来，男人们吃着自己家里长出来的无花果和葡萄，心里全是愉悦。属于自己的住处和甘愿养活的家，也是每个男人都期望拥有的。他的自信就是在这种拥有中建立起来的，并且，这会激发出他潜在的无穷力量。任何人都可以实现拥有大房子的愿望，只要他对此抱有热切期望。而且，你们现在可以买到合理价位的土地，因为我们的国王太伟大了，他一直在扩大巴比伦城墙的外廓，这使得许多有待开发的土地变成了内城。

  同时，如果你们想为自己置办房屋和土地，做贷款生意的钱庄将非常乐意借钱给你们。这一点我必须让你们知道，还有，如果你能明确指出购房所需预算，借到钱并付钱给建造房屋的砖匠和建筑商，就不是什么难事。

  房子一完工，就是你们自己的了。在过去，你们把房租交给地主，而现在是付给钱庄老板，而且是分期付款，你们所借下的债务，会随着每次支付逐渐减少，全部还清只需几年。

  那样一来，你们就拥有看得见的有价财产了，向国王缴税便成了你们的唯一负担。你们一定会收获极大的快乐。对你们太太来说，经常去河边濯洗漂亮袍子和浇花浇菜，也就变成可能的了。从河边回来时，她们完全可以顺带捎一羊皮袋水。更多祝福会降临到拥有自己房子的男人的头上。其生活成本，远没有以前高了，在其他人生乐趣上，他也有更多闲钱去享受了，他的许多欲望，也可以得到满足了。

  "要拥有自己的房子，这就属于脱贫致富的第五守则。"

守则6：事先为家人生活做准备

  第六天，阿卡德对学生们说："生活是每个人一辈子都要面对的，排除半路夭折的情况，每个人都要走过一生。因此，为了自己的暮年，为了自己死后家人的生活，每个人都要预备下足够多的钱。今天带给同学们的课题是：这样的预备如何在尚不具备很强赚钱能力时做出。

人如果通晓了理财的方法，就能够以此聚集财富，也应该考虑到他的未来。他应该确保将来在经济上没有困难，亦即早早预备一笔钱以备年老之需，为此须确立某些投资计划或产业。

一个人有许多保障将来生活的方法。我不赞成秘密地把财富藏于某个隐秘之地的地下。当然可以那么做，其方式也许会很高明，但再怎么高明，盗贼都技高一筹[①]。

在养老的准备上，一个人不妨买下几处房产或地产。如果选对了，它们在将来大有价值和用途，那么，它们的价值和利润将永不消失；养老就不在话下了，因为如果卖掉它们，绝对价格不菲，如果用于出租，则会有源源不断的租金收入。他如果有几笔小钱，可以先在钱庄上压上一笔，并定期增加。这笔本钱和利润将增加很多，因为钱庄老板会给他利息。

一个名叫埃善的鞋匠对我说，他近八年里每个星期都在钱庄存两块银钱的定期，每年的利息是百分之二十五，不久前结算时，他总共得到一千零四十块银钱，这个结果让他非常开心。我也替他高兴。我还算掌握了一些算术，就进一步鼓励他说：'如果你继续每周在钱庄存放两块银钱，那么二十年后的本息总共是四千块银钱，有了它们，你这辈子都不用再发愁了'。坚持这样存储生利，当然会得到数量可观的回报，要知道，即便你们现在的生意和投资再怎么乐观，老无所依和家人落破都是没有人承受得住的。

---

① 巴比伦时代人们用的是金属货币，因此把钱财埋于地下主要是防盗，而现代人用的是纸币，除了防盗，还要防止纸币的腐烂。《楚天都市报》曾报道，一位七十多岁的老汉，多年来积攒存下了7000余元的现款，为了保险起见，他将钱扎成捆，偷偷埋在了房间的地下，并在地上做了记号。两年后的一天，老人想将钱取出，等他挖出自己珍藏地下的钱币一看，不禁大吃一惊，7000多块的养命钱已快变成了烂泥巴。老人背上这捆残币焦急地四处找银行兑换，因为钱太破太脏几乎难以辨认，好几家银行不予兑换，最后该地的工行帮他兑换了3000余元新币。

在这一点上，我要讲解得再深入一点。无数人在平日里定期存钱，其数目是很小的，但如果聚集起来，就会相当庞大，用来确保一个人死后其家人的无忧生活，将是绰绰有余的。我相信，这样一套保险计划，在未来某天总会被某个智者发明出来的。这个计划是非常高明的，因此我愿意全力推荐。但是现今，这是不可能实行的，因为这种有计划的缴费，运作的期间必然会超过在座任何人或参与者的寿命。这计划必须稳如国王的宝座。

我相信，这样的计划必定会在未来某一天问世。哪怕最初的钱数特别小，积聚到有的家里有人去世时也会变成大笔钱财，供剩下全家人吃穿用度。因此，世人必将蒙受此计划的福祉。

然而，我们毕竟是活在现在而非未来，因此任何一种有利的方法，我们若要确保养老就都要加以利用。我给大家一个建议：现在就为了防范暮年的经济困难而多想办法。无论是一个丧失赚钱能力的男人，还是某人因家长已故而无法赚钱养家，如果口袋里再分文没有，那都是十分悲惨的。

事先为自己的暮年和家人生活做好准备，这就是第六条脱贫致富的守则。"

守则7：拥有并提高赚钱的能力

第七天，阿卡德对学生说："我今天将告诉你们的脱贫办法，是效果最好的一个。然而，我不会在黄金问题上多做谈论，而是要谈一谈在座的各位。我要告诉你们有关几个人的思想方式和生活方式的例子，他们在工作上，或者是成功者，或者是失败者。

我不久前迎接了一个年轻人，他是来向我借钱的，而我发现并告诉他，他几乎没有偿还债务的能力。因为当我问他为了什么借钱时，他在入不敷出的现状上发起了牢骚。他哪里还有可供还贷的余钱！

我对他说：'年轻人，自己去赚更多钱才是你需要做的。你要让自己更有能力赚钱，对此你可有什么想法？'他的回答是：'我在两个月内向主人要求加薪要求了六次，但最后落空了。可那是我唯一能做的，在要求加薪的人里面，恐怕我是最勤快的了。'

他如此简单地处理事情，可能会遭到我们的嘲笑，但是，在增加收入这个问题上，他确实已经具备了关键条件。他的这个条件就是心里赚更多钱的强烈愿望，而且，这愿望是正当的，也是明智的。

这一渴望是致富的先决条件。你非得拥有极其强烈和明白的愿望不可，一般愿望则显得苍白无力。就算一直想着"希望我变成富翁"，那也不过是一个极为虚弱的目标。对他来说，拥有五块黄金的渴望是容易实现的，可如果能够在得到之后守住这五块黄金，找到获得十块黄金的类似方法，就显得轻而易举，他也会有办法获得更多黄金，二十块、三十块乃至一千块——他的富翁梦，那时不就实现了吗？对一个个小而明确的愿望的实现，也是对赚更多钱能力的训练；从小数目开始，赚一点就会赚更多，财富就是这样逐渐累积的。

一个人的欲望，一定要单一且明确，而太多太杂或在个人能力范围之外的欲望势必无法满足。

一个人的赚钱能力，是随着他职业水平的提高而增进的。

我当年的工作是刻泥版，每天只收入几个铜子，再卑微不过了。于是我就仔细观察，发现同事们无论刻的件数和工资都比我多，并很快发现了其中原因。我下定决心，非要超过所有同事不可。在这份工作上，我投入了更多的兴趣、精力和意志力。皇天不负苦心人，最后我成功了，几乎没有人能够比我刻的泥版多。我在工作上已经非常灵巧了,付出也已收到回报。我还用得着六次要求主人肯定我的工作能力吗?

可赚钱数是随着我们所获智慧的增多而增多的。在自己的职业技能上更多地研习,就能够获得更多报酬。一个工匠学习更多技巧和方法的对象,可以是同行中技艺第一流的前辈。

每个热心工作的人,总想着自己技巧能够变得更好,以给雇主提供更好的服务,而雇主是他们生活的财源。因此,改变和进步是每个行业的人都追求的。因此,我强烈要求在座各位都争取最大进步。自我裹足只会被落在后面。

在理财方面有成功经验的人,之所以能够变得富有,有许多事情是关键。

(1)努力还债,为此拼尽全力,如果有的东西无力购买,那就不买。

(2)有关照家人的能力,每当被家人思及或提及,无数赞赏油然而生。

(3)为防一朝被诸神召回,及早立好遗嘱并适当分配自己的财产。

(4)怜悯并适度帮助厄运当头的悲惨的人,同时,全方位地为自己的亲人考虑。

以上这几件事,是一个自重的人应该做的。

让自己拥有并提高赚钱的能力,研习并拥有智慧和技巧,还要时刻在行为上自重。这就是摆脱贫穷的第七个守则,也是最后一个。你若遵循此则,将充满自信,并为实现致富之梦而做出周到且可行的计划和安排。

我的七条致富玉律,至此皆已备齐,它们得自我长期的成功生活经验,我强烈要求每个渴望致富者照此而行。

同学们,巴比伦的金子比你们梦想中的还要多。这些黄金多得不可胜数,所有人来分也分不完。尽管勇往直前,采行这些理财之道,你将像我一样变得富裕。尽管将这些理财之道教导其他人,让国王的每个光荣百姓都能自由地分享到我们所爱之城的庞大财富。"

运用金钱的五条定律

巴比伦有一个习俗,为了方便财产继承,富家子弟要一直得跟父母住在一起。而对这一点,阿卡德却是反对的。因此,阿卡德在他唯一的儿子洛麦希尔成年时把他唤至面前,并给了他这样的训诫:

"我的孩子,由你来继承我的遗产自然是我所期盼的,但是你有智慧和能力管理它们吗?你要先证明你自己。怎么证明你有能力获得黄金并得到众人的敬重呢?我想让你到外面的世界闯荡一番。

我会给你两件我当年白手起家时所不曾拥有的东西,有了它们,你可以有一个良好的开端。第一就是一袋黄金。你将来的成功,要以这袋黄金为基础,前提是你能够妥善地加以运用。第二是一块刻着管理金钱五大定律的泥版。如果你能够把这些定律落实在行动上,它们为你带来的资产,将是相当可观的,还会让你感觉是安全的。你必须在十年之后回到父亲这里。你在外面挣来的资产,也当着我面数清楚。如果你证明了自己值得拥有我的遗产,我就留给你,否则,祭司将得到它们,那样他们将恳求诸神让我的灵魂享受安宁。十年之期,就从今天开始算。"

就这样,洛麦希尔携一袋黄金和一块泥版骑马出门去闯荡了。那块泥版用丝绸包裹得很小心。按照跟父亲的约定,洛麦希尔十年之后返回家中。为了给他接风,阿卡德设下了丰盛的宴席,并邀请了许多亲友。在大厅旁边有一个座位如同国王的宝座一般。宴罢,阿卡德夫妇来到座位上,而洛麦希尔则立于他们面前。天已经暗下来,房间里充满烟雾,那是从昏暗油灯的灯芯里飘出来的。经过父亲的允许,洛麦希尔开始计算他从外面挣来的钱财。整个场面显得十分尊贵。烟雾被身穿白色外袍的奴隶用棕榈叶扑散了。在洛麦希尔的席子后面,坐着他的妻子和两个幼子以及阿卡德家的亲友,对于洛麦希尔的闯荡经历,他们都想一听为快。

洛麦希尔慢慢讲述起来:"父亲,我要鞠上一躬,以赞叹您的智慧。我在十年前刚刚成年,您不要我坐等您的遗产落在我头上,而是要我出去闯荡,做一个出类拔萃的人。您把一袋黄金和您的智慧大方地给了我。可惜,我不得不说,我极失败地使用了那一袋黄金。事实上,我任何经验也没有,花光了所有这些黄金,如同一个青年第一次抓住一只野兔,却被它从手上逃脱了。"他的语气很恭敬。

阿卡德笑着表达了他的宽容,说道:"说下去,我的孩子,我想听你的每个故事,一个细节都不要漏掉。"

洛麦希尔说:"尼尼微是座新兴的城市,在那里或许会撞上好运。抱着这一判断,我一出门就去了那里。我加入了一个在沙漠中旅行的商队,并跟其中的几个人结识。在旅程中,我从两位朋友的口中得知,在尼尼微有个富翁,他自信地以为自己手中一匹马是神驹,能够跑赢天下一切马匹;能够超过它的马,在这个世上还没有出生呢!他立下赌约说,不管赌注多么高,他都愿意押自己的神驹,全巴比伦任何一匹马都无法战胜它。这两位朋友极善言谈,他们自己也有一匹漂亮至极、健步如飞的白马。他们也绝对自信说,尼尼微那匹马只是一匹蠢马,他们的马可以轻易战胜它。他们阔气地邀请我,让我也押他们的马,而我有些神往,就加入了这场赌马。结果,许多黄金被我输掉了,因为我们的马输得一塌糊涂。"

阿卡德只是一笑,没有说话,洛麦希尔继续说道:"我后来才现,这两个人是混在旅行商队中的骗子,而尼尼微的所谓神驹主人,是他们的同伙,骗来的赌注被他们三个平分了。他们经常干这种勾当。我外出闯荡第一堂课的内容,就是这个奸计。很快,我在另一个更悲惨的功课中学到了教训。在旅行商队中,另外有一个年轻人,我跟他结识,关系很好。跟我一样,他是出身富裕家庭，也想到尼尼微去，并找个合适的安身之所。我们即将到达尼尼微时，他说那里刚刚死去一位商人，他有一间店铺，里面有丰富的商品，主顾也非常多，现在去接管的话，只支付一点钱就行。他提议说，我们应合伙买下那家店，不过要完全由我拿黄金支付，因为他必须先返回巴比伦去取金子。我应允了这件事，等他取回黄金，允许他跟我一起经营。

"可是，自从他返回巴比伦之后，我很长时间没有见到他。后来再次证明，作为黄金主人，他很失败，而且愚蠢地随意挥霍金钱。最后，我把他赶出我们共同经营的那家店面。然而，生意已经糟糕到极点，里面的货品都卖不出去，想添购新货，又没有金子。后来遇到一个以色列人，我无奈地把店面转卖给了他，转让价格低得可怜。父亲啊，我后面依然是在凄惨中度过的。由于我没有受过任何职业训练，我跑断了腿也没有找到工作。为了有得吃，有地方可以安身，几匹马、奴隶、额外的名贵衣服，先后都被我卖掉了。随后，未来的每一天，我都越来越不敢花钱了。

但是，父亲对我的信心一直激励着我，即便我身处凄惨之中。我一定要实现您对我的期望，做一个出类拔萃的人。"

洛麦希尔的母亲听了这些，小声地掩面而泣了。洛麦希尔继续说："就在此时，我想起了您送我的刻着掌握黄金的五大定律的泥版。我把您的这些智慧仔细念了又念，才明白提前读读它们就可以避免一切黄金的损失了。我在每一条定律上精心钻研，并且下定决心，一定要摒弃年轻人的愣头愣脑乱撞的特性，而让长者有智慧的教训指导行为；我要再次把幸运女神招到我身边来。今晚在座各位，我父亲给我的智慧，十年前就已刻在泥版上，现在，为你们考虑，我要将这五条运用金钱的定律一一宣读出来。

（1）金钱喜欢进入这些人的家门：他把所得黄金的十分之一或更多存储起来，并为自己和家庭的未来支出它们。这样，他的黄金会越来越多。

（2）黄金自愿殷勤地为这些人效劳：他智慧地发现，黄金可以作为获利工具，并良好地利用了它。而且，黄金为他带来得益的速度，甚至几倍地高于田地出产谷粮的速度。

（3）黄金甘愿留在这些人的手中：他对黄金加以小心守护，并听众智者的意见，好好利用。

（4）这样的人将丢失黄金：他投资了自己不了解的某个行业，或是其投资用意是个中高手所不赞成的。

（5）一个人如果这样支付黄金，他将丢失并再也不能重得黄金：他听从不可能获利的建议或骗子的诱骗，或者自己没有任何经验，以及依靠自己天真的投资概念者。"

"父亲为我刻下的运用金钱的五大定律，悉数如上，它们的价值远胜黄金。现在，我要继续讲述我的故事，并赞颂这些定律。"洛麦希尔再次转向父亲，继续说道："我在上面说到我生活困难到了极点，那是我缺乏经验所致，但我并没有处在无穷无尽的灾难之中。一番艰苦之后，我找到了一份工作。一群建造城墙外廓的奴隶，开始由我管理。拿到第一份工资后，我存下了一块铜板，因为我已经懂得了运用金钱的第一定律。并且，只要有机会，我就会不断存钱，那些铜板终于变成了一块银钱。然而我存钱的速度是很慢的，因为日常生活也需要花销。

我必须得说，我十分节省得花着每一分钱，因为我下定了一个决心，父亲当初给我的那笔金子，我要在十年之内赚回来。

奴隶的领班已经成了我的朋友，他有一天对我说：'你这个年轻人，十分简朴，花起钱来从不草率。你是否已经存下一些自己收入之外的黄金？'我说有。父亲给我的那笔黄金，已经被我挥霍一空，现在积累黄金是我最热切期盼的事，我想补上它。

他说：'这可是雄心壮志，我支持你。你可知道你储存下来的黄金怎样为你赚更多的黄金？'我说：'唉！我十分害怕再次走错一步，我曾经历非常凄惨的事情，结果丢掉了我父亲给我的所有黄金。'他说：'如果你相信我，我愿意教你怎样让黄金生黄金。城墙外廓的工作，一年之内就会结束。为了防止敌人入侵，那时会有许多铜门安置在城墙四周的出入口上。建造这些铜门，需要大量的金属，而全尼尼微的金属都不够用，国王现在也无计可施。'

奴隶领班说他有一个计划。为了提前供应尼尼微城门所需的金属，可以找一群愿意拿出自己所存黄金的人，将所有这些黄金交给一支沙漠商队，让他们去远方产铜和锌的矿场买回金属。国王建造各城门的命令一下达，我们就把金属供应垄断起来，只剩下我们的金属，国王只好高价购买。即便国王不买，我们手里的金属，也不愁能卖出合理的价钱。

运用金钱的第三条定律说，投资要听从智者的指导。我认为他的计划是个实践这一定律的良机。我的预料最后成真了，我们的合作相当成功，几经辗转，我的那点黄金增加了很多。同时，我跟这一小群人搭伙，也在其他事业上进行了投资。他们个个都精通如何理财，无论哪次投资，每次都是在审慎地研究讨论之后才实行。那种轻率地投机以至丢尽本钱的事，或者没有看到获利潜力就盲目投入金钱，最后弄得无法脱身的事，他们都绝对不会做。我曾受到诱骗赌马，也曾在没有任何经验的情况下投资开店，如果把这些蠢事告诉他们，他们一定会认为我那是考虑不周的结果，并当场说明其中的风险在什么地方。

我通过跟这些人结交懂得，增加利润的途径，必须是通过安全的理财方式。我积累财富的速度一年一年地加快，那些损失的黄金终于被我赚回来了，并且超出很多。父亲传授给我的五大金钱定律，确实是放之四海而皆准的真言。这是在我经历不幸、历炼和成功之后再次得出的证明。

对于这五大定律，有的人不明白，他们的黄金就总是慢进快出，反而，遵守且实践者的黄金会源源不断地涌入，并像一个甘愿效忠于他的奴隶一样。"

说到这里，洛麦希尔就暂时停下了。他示意给屋子后边的奴隶，让他拎进三只沉重的皮囊。把其中的一个放在父亲面前，然后说道："您曾给我一袋巴比伦黄金，看，我现在把同等重量的一袋黄金还给您，而且它们是尼尼微黄金。这个交换是等价的，对此大家应该都认可吧。您还给了我一块泥版，上面刻着智慧的言语，请看看吧，它让我赚出来的黄金，多出了两袋。"他把大家的目光引向奴隶手中拿着那两袋黄金。

这么说着，洛麦希尔也把它们拿过来置于父亲面前，并说："父亲，这是我把您的智慧看得重于黄金的证明。黄金有价，人可以算清楚，然而智慧无价，谁又能算出？一个人就算拥有黄金，但它们将很快因为没有智慧而全部失去；一个人就算没有黄金，如果他拥有理财方面的智慧，黄金最后也会牢固地掌握在他手中。这三袋黄金，不就能证明这个道理吗？

我的父亲，我现在着实有一种极大的满足感，因为我可以站在您面前说我是一个富有且受人尊敬的人，而这都得益于您的智慧。"

阿卡德摸了摸洛麦希尔的头，满眼怜爱，并说："这些功课，已经被你透彻地领悟了。我的财产，终于可以有你这样的一个儿子来继承，这着实是我的幸运。"

Chapter 03
聪明人理财的 7 个技巧

犹太有一个谚语说："会伤人的东西有三个：苦恼、争吵、空的钱包。其中最伤人的是——空的钱包。"

你相信一个 91 秒赚了 2 000 万美金的人，也会因"空的钱包"伤了生活和人生吗？

前世界拳王泰森是个无人不晓的人物，这位重量级世界拳王曾用自己的拳头换来了令人瞠目结舌的巨额财富。有人统计，泰森在 20 年的拳击生涯中总共赚得了 3 亿～5 亿美元的财富。1988 年 6 月 27 日，当时被誉为天才的迈克尔·斯平克斯向泰森的王座发起挑战。结果泰森仅用了 91 秒便将这位前奥运冠军击倒在地，从而轻轻松松赚取了 2000 万美元，这一战也让泰森成了世界上最能赚钱的运动员。

拳击运动给泰森带来了数亿美元的收入，但是他花钱的速度同样惊人。购物是泰森最大的嗜好，而且他为人非常"慷慨"。1995—1997 年，泰森仅购买 BP 机和手机就花费了 23 万美元；他的一场生日派对就用掉了 41 万美元；一次在拉斯维加斯的珠宝店里，泰森一个小时就花了 50 万美元购买礼品，而事后他竟然想不起礼物送给了谁。

就这样，毫无节制的花费让这个曾经腰缠万贯的体坛明星沦为身无分文的穷光蛋。2005 年，走投无路的泰森不得不向纽约破产法庭申请保护。

根据当时的破产法庭报告，泰森的口袋里只剩下 3000 美元，而他的债务总额超过了 1440 万美元，其中有 910 万美元属于拖欠的个人所得税。

不良的消费习惯，缺乏债务规划，这些把泰森推向了破产的窘态。

·俗话说："吃不穷，穿不穷，算计不到就受穷"。"算计"能体现出一个人的理财水平，反映出一个人的财商。如果你的财商高，即使贫穷，也会在不久变得富有；即使一时生活拮据，也不会为此丧失掉财务上的自由。

本章讲述的聪明人的理财技巧，将快速提高你"算计"金钱的能力。也将让你明白：打理财富、管理金钱是需要学习的技能，而不是将之交付于天赋和运气。

技巧 1：记账

记账是致富的先决条件，等于是将自己的财务书面化，借此可以帮助自己定期检视收入和支出的情况，避免无谓的乱花钱，随时调整收入及支出的平衡关系。通过记账，除了可以看出支出在哪里，如果有负债，也可以了解其来源及原因。

杜女士月工资 3 000 元，可一到每月中旬就要向丈夫要钱花。对于钱的去处，她总是糊里糊涂说不清。自从学习"记账"后，她才知道，每个月打车要近百元，跟丈夫去咖啡店要几百元……一些不必要的消费要花掉不少钱。她还发现，朋友圈还有和她一样的工薪女性，都是在无意识中把钱浪费了。于是她们开始相互提醒，监督各自的账本，减少不必要的消费。再到月底，杜女士发现自己居然能节省下来 1 000 元用于储蓄。

具体来说，记账有四大好处。

（1）胸怀全局。记好这本账，它能让你对个人或家庭的总收入有个清晰的概念。进多少，出多少，存多少，望一望账本，你就会感觉家庭的经济大权并不好掌握，须得在"巧"字上花点工夫才行。记流水账会促使你每天拿起笔，算一算今天用过的钱，想一想明天的钱怎么花。

（2）改善消费习惯。通过记账，你可以了解每日在食、衣、住、行、育、乐等方面的支出情形。如果你发现有一部分钱不知道花到哪去，你可以翻一翻账本，一切都一目了然了。除了每日将当天的花费逐一并且详实地记录下来外，最好每一周及一月进行总整理，再与上周或上月做比较，找出非必要的花费项目，改善消费习惯，久而久之，就会有愈来愈多的余钱可做其他的理财规划。

（3）达到强迫储蓄的效果。一般人常认为自己没有钱可以存下来，那是因为他的用钱观念是"收入－支出＝储蓄"，但支出部分除了固定必要支出外，往往也包括更多"想要"的支出。此时不妨来个逆向思考，把这个公式改成"收入－固定支出－储蓄＝其他支出"，每月先把固定支出，例如房贷、车贷等，以及想要存下来的钱先在记账时就扣下来，剩下的部分才用作个人其他的支出项目，这样做也才不会让每个月的钱在没有计划下花光。

（4）节制"想要"的消费欲望。在日常生活中，我们都有过这样的经验：在没有记账之前，常常是动不动就坐出租车，而不会意识到乘公交车比较省钱；出去吃个午餐，却可能被路边摊的小饰品吸引而驻足不前，不知不觉多花了许多钱；只要户头里还有钱或是信用卡还可以刷，多半都会尽情消费。这些都是一些无意识中养成的消费习惯。

当开始记账后，每写下一笔消费金额似乎就会伴随着一种思考：今天买的手镯买贵了；有些花掉的钱其实可以不用花……如此便可厘清什么是"必要"，而什么只是"想要"，进而在中间做出取舍，在杜绝"想要"的消费欲望后，便有多余的钱可以存下来。

究竟如何记账呢？在学习记账的技巧之前，先学会把自己的收入与支出进行科学地分类。

一个人的收入可以分为两部分：资产性收入和工作性收入。

劳务报酬和薪水，取得这些收入的前提是你必须投入时间和精力去工作，因此叫工作性收入，也叫主动收入，其特点是你不主动争取就挣不到，你不做就没有。

存款的利息、房屋的租金、股权的红利……这些都是资产性收入，无论你身在何处所做何事，这些收入都会归你所有的，因此资产性收入也叫被动收入，其特点是你不必亲自到场，你不投入时间和精力，也会产生这部分收入。

一个人的开支也可以分为两部分：消费性开支和资产性开支。

人生在世，必然要吃、喝、拉、撒、睡、住、行、游、娱、购、医疗、教育，这些为了自己和家人的生活而产生的开支，叫作消费性开支。其特点是可以压缩、可以节省，但永远存在，不可减少为零。

你为了获得或维持某项资产，例如储蓄、基金、房屋、股权等，你必须支付的金钱，这叫资产性开支。这些开支是为了获得资产性收入。

通过这样的简单分类，就可以使用下面这张简单实用的个人理财记账本。

表 3-1 个人理财记账本 - 示范表格

日期	摘要	资产性收入	工作性收入	消费性开支	资产性开支
月合计					

如表 3-1，这张表可以做成电子表格，放在电脑里记录。也可以买一个纸质的笔记本，事先用红笔画出竖线，在最上面一行书写上表的六个栏目，每天根据实际发生情况予以记录。

每月、每年要定期进行比较和分析，例如：

收入和支出有什么变化，导致变化的原因是什么？即可以分析总收入和总开支的变化，也可以分析各个类别的变化。

（1）工作性收入的来源分析。工资薪水、兼职外快、稿费、讲课费、顾问费等都属于工作性收入，其来源是广泛的还是单一的。虽然并非越广泛越好，但若是单一的，则说明你的收入对某项工作的依赖度极高，你要设法保住这项工作，并能在该领域有一定的学习性投入，例如学习专业书籍等，以便能在这一工作领域让自己的人力资本增值。

（2）消费性开支的合理性分析。有些开支在当时看来是必须的，但事后看却是冲动消费，对这样的开支，要引以为戒；有些开支占比太大，且并未显著提高自己和家人的生活质量，对这样的开支，应该压缩和节制。

（3）资产性收入与资产性开支的对比。资产性收入减去资产性开支的余额越大越好，如果是负数，说明资产带来的现金流是负数，你的资产在现阶段正在"吃掉"你的钱。

（4）资产性收入的来源和数量分析。来源越多，说明你拥有的资产数量越多。要针对每一项资产性收入来源，分析其收入的数量。例如存款利息收入的金额是多少，房租收入是多少等。

开始记账是一个重要的标志，它说明你要开始掌控你的时间和金钱了。至于用哪种方式记账，除了上述方法，你也可以根据自己的实际情况，重新设计和调整记账的表格和方式。为了便于读者朋友借鉴学习，在此介绍其他的记账方法，如下所述。

1. 两抽屉法

两抽屉法就是把你的记账表分为两类，一类叫作消费抽屉、一类叫作储蓄抽屉。在日常生活中，刚开始可能因为计划不合理，会经常动用储蓄抽屉的钱，但慢慢地要逐渐提高消费抽屉的可运用的日期，直至完全不用储蓄抽屉的钱为止。这样慢慢地就会有很多余钱用于储蓄。

2. 多信封法

多信封法是更加细致一些的分类方法，把记账表分为很多信封，包括储蓄信封和衣食住行娱乐费用信封，其实也就是把两抽屉法的消费抽屉拆分为很多单项，单项费用超支就需要从其他费用信封中支出，直至养成习惯，不用储蓄信封为止。

3. 多账户法

多账户法是更为专业的分法就是按照会计的分类方法，把账户分为定期定额账户、房贷扣款账户、信用卡账户、现金领用账户等等，便于记账管理和控制花销。

4. 定额提款法

定额提款法就是如果实在懒得记账，但还要控制自己的支出，就可以每周定额从自己的提款卡里提取固定金额，大概为月收入的二成，剩下的为储蓄。然后，就通过不断控制提取数量，直至提取费用的次数、金额不超过目标额为止。

5. 进销存法

进销存法就是在理财起步阶段，主要只有收入、开支、储蓄三项，因此也可以设计一个超简单的账本，有进项（收入）、销项（开支）、存项（储蓄）三栏，外加时间栏和事情摘要栏就行了。

很多人在没有养成记账习惯之前，容易"三天打鱼，两天晒网"。记着记着就坚持不下去了。对这种情况，我的建议是：①原谅自己，这是一个常见的现象。忘了记没有关系，想起来的时候一定要补记；②在固定的时间记账，例如临睡前、发薪日等；③把记账本放在容易接触到的地方，例如枕头底下、衣柜抽屉等；④一个习惯的养成据说需要21次重复，重复多了，就习惯成自然了。

开始记账吧！你财务状况的改变，一定会从这一刻开始！

技巧 2：增加收入

理财的精髓在于"开源节流"。开源就是广开财源，就是多多增加收入，多多增加资产性收入，要么多多增加工作性收入。

由于资产性收入来自对资产的经营打理，涉及股票、基金、房产等，专业性比较强，本书在后面的章节专门探讨，在此主要探讨增加工作性收入的技巧。

1. 改变对兼职的看法

很多人狭隘地认为：兼职只是穷人才去做的苦力活。这种想法严重地毒害着他们的财富思维。如果有这种想法，即使有兼职赚钱的机会幸运地找上了他们，他们也会因为好面子、怕丢人，或者害怕辛苦而不肯去接受它们。

兼职，不仅是增加了财源，而且能创造出机会、让人获得新的知识。身兼多职会让你认识更多的人，接触更多的工作，体会更多的生活。人生本来就应该是丰富多彩的，如果被一项工作遮住了全部的视线、你不觉得那是非常可惜、狭窄的人生吗？

有现代管理学之父美誉的彼得·德鲁克，人生的多半时期都是在身兼数职中度过。他起初是个记者，之后是研究管理问题的作家，然后是纽约大学管理学教授，最后开办管理咨询公司。实际上，这些工作对他并没有严格的先后顺序，因为写作、研究、讲课、咨询，他都是同时在干的。

2. 兼职会改善你的财务结构

金融天才乔治·索罗斯说，现在所有人的收入只有一个来源，就是工作。这种财务结构是有一定风险的，如果你只有一份工作，那相当于你的风险就高达 50%，如果你拥有很多份兼职，那么你的财务风险就会根据兼职的增多而大大降低。所以想拥有稳健的财务结构，不仅要不断地努力工作，还要辛勤地身兼多职。

索罗斯之所以会专门对兼职发表评论，是因为他自己在专职投资之前，也是一个兼职达人。

3. 不要放过兼职赚外快的机会

很多人致富的经历告诉我们：不要放过任何一个赚外快的机会，外快可以让你更快地成为富人俱乐部的会员。

华尔街最负盛名的基金经理彼得·林奇，在他10岁那年，父亲因病去世，全家的生活陷入困境。家人开始节衣缩食，彼得·林奇也从私立学校转到了公立学校。为了缓解家庭的经济压力，彼得·林奇在一个高尔夫球场兼职当球童。这份球童的兼职，他一直做到大学一年级，还获得了球童奖学金。加上积累的小费，林奇不仅可以自己支付昂贵的学费，而且还攒下一笔不小的积蓄。

最重要的是，林奇在兼职做球童的那些年里，有机会为一些金融界的大老板服务，耳濡目染，培养了自己对证券市场的兴趣，为他后来成为华尔街成功人士打下了基础。

4. 用自己的专长去兼职

人们做自己擅长的事情，通常会感到轻松，且心情愉悦。因此如果你有某种专长，就可以充分发挥它来做兼职。如果你喜欢跑步，现在有一种兼职叫陪跑；如果你擅长写作，你可以给杂志、网站、出版社兼职写稿件；如果你擅长整理房间，你可以联系家政公司去找兼职机会；如果你有会计证，你可以兼职给小微企业记账；如果你会开车，你可以兼职做代驾；如果你会弹奏乐器，你可以兼职到餐厅等地方演奏……

5. 在专业网站上寻找兼职机会

在58同城等网站上，针对各个地区，都会有人发布不同的兼职信息，可以经常上去留意这些信息。在兼职时，雇主要求检查你的证件、证书一般都是很合理的要求。但是如果要求你支付押金，则要慎重对待，有可能是骗局。

6. 兼职不要影响全职工作

如果你有一份全职工作，那么兼职的前提是不要影响了你的全职工作。在时间上，你要把兼职工作放在周末或者下班后，千万不要在上班时间从事兼职的工作，这会让你承受压力，且蒙受荣誉受损的风险；在行业选择上，最好不要与你的全职工作在同一个行业，因为在同一行业兼职，通常都是不被公司允许的。

技巧 3：节约开支

台湾经营之神王永庆，经常会写一个公式：利润＝收入－成本。比如：10 元利润=100 元收入-90 元成本。如何让利润翻倍呢？一般人都想到要让收入翻倍，而王永庆说只要能让成本下降 10 元，利润就能翻番。他把降低成本看成一个拧毛巾的过程，只要下力气拧毛巾，总能拧出水来。

个人理财也能从这个王永庆法则中得到启发。很多人认为钱是挣出来的，不是省出来的。这是很多人大手大脚的一个理由。实际上，要想生活幸福，节流与开源的重要性是完全一样的。

加拿大理财专家达希·珍有一个别号——"狂热节俭家"，她自费出版《安全守财奴月报》长达六年之久，向读者提供了无数省钱致富的生活秘诀，包括如何自制营养、可口又便宜的浓汤配面包，当作一餐。

达希·珍在书中说，赚钱渠道包括找更高薪酬的职业和多省点钱这两条路。不少人采取了第二渠道，实现了梦想，为什么高薪职业并不一定让人富有呢？达希·珍举了一个例子，一位部长级的官员虽有15万加元的年薪，但为了维持高官的面子，花在衣着、汽车、应酬、停车、保险、豪宅上面的钱占总额的比例实在太大，消费太高导致存不下钱。相反，过简单一点的日子，反而能比以前存下更多的钱。真正有钱的人不都会住在最扎眼的高级地区，他们常常住在普通住宅区，也不会开昂贵的豪华汽车，并且不到最后关头不会换车。更重要的是，有钱人都懂得节省和投资。达希·珍最后强调，你省下来的一块钱，大于你赚进的一块钱。

美国的理财专家尼克森，在经济大萧条时期奉行"用至坏、穿到破、没有也要过"的信条，他觉得简朴人生挺好。他在自己创办的《吝啬家月报》里提供了十项省钱的小秘诀：

（1）不断地从薪水中拨出一部分去存款；

（2）搞清楚你的钱每天、每周、每月流向哪里，也就是要详细列出预算与支出表；

（3）检查、核对所有的收据，看看商家有没有多收费；

（4）信用卡只保留一张，能够证明身份就够了，欠账每月绝对还清；

（5）自带饭菜上班，这样每周约节省45加元的午餐费；

（6）与人合乘或乘公共交通工具上下班，可节省停车费、汽油费、保险费、汽车的耗损以及找停车位的时间；

（7）多读些有关修理、投资致富的"实用手册"，最好从图书馆借，或趁书店打折时买；

（8）简化生活。房子不要太大，买二手汽车，到廉价商店、拍卖场等处购物；

（9）买东西时牢记，这钱花得值不值得。便宜货不见得划得来，贵也不一定能保证质量；

（10）绝对要砍价，你不提出，店家不会主动降价卖给你东西。

美国另一位理财专家伊科诺米季斯一家被称为该国"最节约家庭",这个收入平平的七口之家有一套成效卓著的"省钱战略",将"省下的就是赚下的"理念演绎得淋漓尽致。

1. 每个月只购物一次

最好每个月只购物一次,因为逛得多一定会买得多,买得多就花钱多。购物一定要有计划。伊科诺米季斯一家将这一条视为节约的经典策略,认为无计划购物就等于给存款判死刑。他们每个月都要根据家中需要制定详细、合理的购物计划,甚至要提前将每顿饭的菜单都设计好,并写在账本上,做到心中有数。

2. 提前购买节日物品

每逢重大节日前,他们都会提前购买一些节日所需物品,并储备起来,以防节日时涨价。这一点太明显了,因为圣诞节时买东西比平时贵得多。

3. 巧妙利用购物优惠

为了促进商品销售,许多商场、超市都会推出很多购物优惠活动,例如买二赠一、低价大型装等等,伊科诺米季斯和家人一定会经过反复比较,以最优惠的办法买下所需要的物品。

4. 提前预算不立危墙

伊科诺米季斯说:"如果你不提前做预算,你就很可能从一个财政危机陷入另一个经济困境。"在他们看来,一旦家中经济拮据并最终导致负债,那么接下来整个生活都是一种危机了。

5. 永远都不花光口袋中的钱

永不花费超过信封内总金额80%的钱。从结婚初期,伊科诺米季斯夫妇就开始采用"信封体系"理财,即每个月把家中的钱放入一个个信封,分别用于买食物、衣服、汽油、付房租等等,而且永远不花费超过信封内总金额80%的钱。这样,不仅支付了基本开支,还可以省下一笔钱。

互联网上有一个省钱红人叫李晶,她总能够花更少的钱买到更多的东西,就连出去吃饭,李晶也能比别人便宜。在大家的"严刑逼供"下,李晶终于招架不住,传授了她的网购省钱秘籍。

秘籍一:比价软件淘实惠

"精打细算是小女人本色,平时逛街买东西都知道货比三家,网购也是一样的道理啊!"李晶一句话点破天机,并强烈推荐大家下载比价系统软件。网上比价系统能通过互联网来实时查询所有网上销售商品的信息,特别适用于图书、实体工具等品牌附加值较低的商品,想知道某件东西在各大网站上的价格,只需在搜索栏里打入商品名称,点击查询就一目了然了,货比三万家也不难。

秘籍二:上折扣网

上折扣网购物能省10%的花费,很多人不相信,可经过李晶的介绍和自己的亲身体验,大家才心悦诚服地点头:"真的哦!"其实道理很简单,大部分网上购物网站,在其他网站上做广告,在该网站有用户购买时,会给该网站一个以销售额计算的佣金(这就是按效果付费的广告),而网购折扣网不一样,它把这部分佣金还给用户。网上购物一族通过"网购折扣网"的合作网站连接到合作网站购物,可以获得"网购折扣网"赠送的积分。购物积分,就是在网购折扣网合作网站(如卓越网、当当网、99书城等)购物,网购折扣网按购物金额算积分,积分可以兑换礼品及现金(1 000积分=10元人民币),达到6 000积分即60元,即可申请兑换现金。

李晶还提醒我们每次都要通过网购折扣网提供的链接访问相关购物网站,如果直接点击,是没有积分的。

秘籍三:积攒电子消费券

吃饭怎么也能省钱呢?面对大家的疑问,李晶喜滋滋地从口袋里掏出一大叠的打折券,肯德基、巴西烤肉餐厅、老山东牛杂……各式餐厅应有尽有。

大家正惊讶李晶从哪里得来这么多打折券，她就已经打开肯德基网给大家示范了。首先在肯德基网上注册成会员，然后就能随意下载打印打折券，"凭券消费能够省五六块钱，不要小看哦，一个月下来也许能省几十块钱呢！"李晶说。而电子消费券就更厉害了，像当当网经常会友情赠送电子消费券，面额在20~50元不等，买本好书绰绰有余了。

秘籍四：以物换物

传说有一个女孩通过互联网用一个曲别针换到了一套别墅。自从曲别针女孩在网上火了之后，越来越多的人动起了以物换物的脑筋。不过这回慷慨献计的不是李晶，而是我们的化妆品达人小高。小高购买化妆品的速度让人叹为观止，瓶瓶罐罐的小样也有一大堆，放着浪费送人又舍不得，恰好上网闲逛时看到有一个换物网，注册成会员后就能发布自己要交换的物品信息，小高尝试之后不久，她桌子上的小样慢慢变少了，多出了音箱、鼠标、mp3……做了一段时间的换客，小高颇有心得："换物时要保证良好的心态，不能以换的东西值多少钱去衡量，而要看那东西你需不需要，或者你有没有这个时间和精力去购买。"不过小高的收获是办公室同仁有目共睹的，以物换物，没准还真能用曲别针换栋别墅呢！

秘籍五：充分利用免费资源

网络资源无奇不有，关键看你怎么用。随着省钱计划的展开，人们纷纷谈起自己的心得体会，得出最重要的一点是：充分利用免费资源。

（1）打网络电话。小朱的男友在外地工作，两人每天虽然有绵绵不尽的情话，但小朱的电话费却没有因此而水涨船高，原因在于他们用的是网络电话。

（2）看免费电影。汪汪提供的则是一个电信、网通都能下载的看电影软件，据她的经验，只要下载安装了此软件，就能进入这个社区看电影和电视剧了，更新速度很快，而且安全无病毒。

（3）下载电子杂志。化妆品达人当然不会放过时尚杂志了，但动辄二十几块钱累积起来也是不少的一笔花费。最后算算，还是上网下载免费的时尚杂志来得合算。

秘籍六：网上申购基金可节省四成费用

近来，多家基金公司相继推出了基金大比例分红、优惠申购促销的业务。在优惠活动结束后，投资者是否还有其他渠道或方式优惠申购基金？经过调查，投资者通过网上申购基金，能节省四成申购费用。

通过基金公司或者部分银行的网上交易系统，投资者在注册开户后，即可足不出户进行基金申购赎回等各种交易，同时申购费率不高于六折。举例说明，华宝兴业旗下的宝康灵活配置基金刚刚推出13.90元/10份的大比例分红预案，分红后净值将接近1元。目前通过"e点金"网上申购该产品，可以享受低至0.6%的优惠费率。

交易成本和交易便利是基金网上直销受投资人欢迎的重要原因。网上直销的申购费最低可有5折，投资者利润空间就会增大。同时，通过网上直销渠道还可以进行基金转换，同时享受更低的转换费率。另外，网上直销可以通过网络实现一年365天、一天24小时的全天候、多方位基金交易服务，客户可以随时查询、下单、撤单以及进行基金转换和定期定额申购，非常适合上班族们在8小时之外进行从容投资。

综上所述，如何省钱、如何减少开支，首先是一个观念问题，如果能在观念上崇尚简朴的生活方式，认同省钱就是赚钱的理念，那么就能在行动上开始改变。挣得多未必衣食无忧，挣得少未必生活拮据。一切取决于你如何能用自己的赚的钱，让自己和家人生活得更好。因此，无论贫穷还是富有，理财和合理开支的确是每个人都要慎重对待的事。

技巧 4：处理债务

俗话说"无债一身轻",而在有的时候,债务也是科学理财的一部分。

我的大学同学王志强,1997 毕业后在北京一家国企上班,月收入大约 1500 元,每月略有节余。他业余做撰稿人,为出版社编撰书稿、为杂志社写专栏,一年下来,稿费收入在 8 万元左右。到了 2002 年,他结婚成家了,手上有 35 万元的积蓄,搬到北京郊区的通县居住。他发现通县的房价是每平米不到 1000 元,而两居室的房租是 800 元左右。他把 30 万元积蓄作为首付款,又贷款 40 万元,一口气买了 5 套小户型的房子,简单装修后租出 4 套,租金用于还贷。之后随着通县纳入北京市区,改为通州,房地产的价格一路飙升,他当初投资的房产到了 2016 年,已经价值超过 1000 万了,仅是每月的房租就有 1.5 万元的收入。他当初主动举债买房的聪明行为,也成为同学们茶余饭后的赞赏谈资。

王志强的案例并不是要鼓励大家负债投资,而是提醒投资者,债务既不是天使,也不是魔鬼,而是现代人的一种生活方式。掌握聪明的负债原则,能帮助你远离债务危机,变债务为资产。尤其是良性债务能够给你带来积极的回报,对此应该合理地加以利用。

1. 良性债务要维持,不良债务需回避

所谓良性债务,就是偿还额度小于收入额度的债务。可以简单分为资产性良性负债和消费性性良性负债。

如果负债用于购进资产,而资产每月产生的收入大于每月的偿还额度,这就叫资产性良性负债。例如房租收入大于房贷额度,这种房贷,就是资产性良性负债。这样的良性负债越多,你财富的增值速度就越快。

如果负债用于消费，而偿还额度小于收入的可支配部分，就叫消费性良性负债。例如每月除了生活基本开销外，尚有2000元节余，用于偿还汽车贷款的金额是1500元，那车贷的债务就是消费性良性负债。消费性良性负债在本质上是在消耗你的现金流，虽然可以维持，但还是建议尽快将之缩小，节省利息开支，并可将收入节余的部分用于投资和理财。

不良债务的情形与良性债务恰好相反。

例如贷款购买住房时，每月的还款金额超过月收入，这样的不良债务会使借款人背上沉重的财务负担，受到一定程度的财务压力，甚至陷入财务上的困境。

又比如贷款购车，如果车贷偿还金额超出了你的收入可支配部分，那么这种不良债务将是一种财务的"黑洞"。汽车是一种持续消耗资金的消费品，购买一辆车之后，每个月要交汽油费养路费停车费过桥费，每年要交保险费保养费修车费；而且汽车又是一种贬值非常快的商品，如果买了一辆新车，十分钟之后想卖出，这已经是个二手车了，可能只会卖到原价的90%。因此，贷款购车对购买人来说是一种不良债务，它会持续地吞噬你的现金，使原本不佳的财务状况更加恶化。

简言之，资产性良性负债是最好的负债，消费性良性负债要谨慎对待，而不良负债则是要尽量远离。

2.降低利息成本，用好免息条款

凡事总是要讲究成本。同样是借银行的钱，利率就完全可能不一样，有的高有的低。比如一般的信用贷款，往往执行的是标准利率，还可能有一定上浮。但如果是第一套房的房贷，那就能享受优惠利率。另外，信用卡消费，一旦过了免息期，年利率就高达18%。另外，如果你借了典当行的钱，那利率就更高了。

所以，如果你有不同类型的借款，那么要先根据利率的高低排序，先还利率最高的借款。对于利率低于你预期投资回报率的借款则不用提前归还。另外，银行信用卡能提供一定期限的免息时间，如果运用得好，可以长期无成本占用银行资金。当然，要这么做，你必须是个很有计划而且很有执行力还不怕麻烦的人。

3. 控制借款规模，贮备紧急备用金，预留信用额度

有一个比较流行的指标，叫贷款安全比率。

贷款安全比率 = 每月偿债现金额 / 每月净现金收入。

按一般标准，包括房贷的消费性贷款安全比率的上限是35%，不包括房贷则为20%。而如果你信用卡的负债最低还款额占比超过30%，那就将面临债务危机了。

所以，每个人能借多少钱，是和你收入成正比的，也有个上限，不是越多越好，否则一不小心就会陷入债务危机。

4. 控制投资风险，合理选择投资渠道

投资是有风险的，一边负债，一边又把资金投入到高风险的领域，那你和赌徒没什么两样，你的负债很可能变成不良债务。

在金融学中，风险性收入可以用预期收入和风险系数来估算。

收入 = 预期收入 × (1 - 风险系数)

例如投资一项生意，预期收入是100万元，风险系数（失败的可能性）为20%，那么这项生意的预期收入就是80万元。假设你投资的本钱40万元需要借债，年利息10%。

你怎么评估这项生意？

第一，要看这笔生意的投资周期有多长。时间越长越要谨慎。你所承担的贷款利息就越多，就越不划算，而且在投资回报之前，贷款利息会吃掉你的现金。因此，时间越长越要谨慎。

第二，风险系数与回报率的对比。原则上，高风险与高回报是相对应的，

只有高回报才值得冒高风险。切记不要因为蝇头小利而冒巨大的风险。

第三，有风险的投资，应该用专项资金来操作。例如股票、创业、期货等高风险的投资，不能把全部身家都压上去，而是应该根据自身情况，拿出一部分专门的资金，无论怎么操作，最多只是把这部分资金赔完，而不会影响到整体的财务状况。

5. 按时还债

债务是长腿的，如果不按时还债，利息就会膨胀。

而且，向银行借钱后，如果你能每次都按时还本付息，会提升你的信用记录。所以，即使你不是特别缺钱，但能经常从银行借点债，也是好的。当然，前提是一定要按时还贷，否则就得不偿失了。

6. 确定合理的负债比例还要适合自身

青年时期抗风险能力较强，如果家庭负担不重的话，可以适当进行超前一点的消费。但随着年龄的增长，要逐步减少超前消费的开支。收入不稳定者不宜超前消费。现在有一些年轻人，从小养成大手大脚的习惯，长大了还大把大把地花着父母的钱，这不利于培养正确的理财观和社会责任。

7. 不到万不得已，不要向私人借钱

向私人借钱，是最糟糕的情况。

首先，没有人喜欢借钱给别人。当你开口向人借钱时，无论对方借给你或者不借给你，你都要承认，你给对方带来了烦恼。很多时候，当你的亲戚朋友笑着把钱借给你后，要面临家庭成员之间的埋怨、口舌与争吵，很多不为人知的家庭矛盾都是因此而生。

其次，借私人的钱，要尽可能先还。私人之间的借款，往往不好意思谈利息和回报。很多人利用这一点，把私人借款放在最后还，以便节省利息。这是非常自私的想法，你知道省利息，难道债主不知道赚利息吗？

第三，借私人的钱，一定要谈利息和还款时间。这能够体现你还款的诚意,而且能给你一种兑现承诺的压力,好让你尽快设法偿还债务。即使对方不收你的利息,你也应该记着这份实质上的财务"人情"。

第四,不能按时还款,一定要说明原因,并给出新的还款计划,最忌讳的是逃避和假装忘记。很多人利用亲戚朋友之间碍于情面的心理,假装忘记还款而实现拖债不还的目的,这是一种道德败坏的恶劣行为。最终会众叛亲离,被人鄙视,翻身无望。

综上所述,债务有良性负债和不良负债之分,还债要先还利息高的,举债投资要看风险和回收期限,不要向私人借债。学会了做一个聪明的债务人,人生就会越来越富有,朝着财富自由的方向不断迈进!

技巧5:制定计划

树立一个明确目标能够让你快速致富。

哈佛大学曾经就是否确立人生目标对应届毕业生做了一个调查报告。结果,只有3%的人有明确的人生目标并且写在了日记本上;另外13%的人在脑子里有人生目标但没有写在纸上;其余84%的人都没有明确的人生目标,他们的想法是完成毕业典礼后先去度假放松一下。

10年后,哈佛大学对当初的这些毕业生重新做了调查。结果发现,那些有人生目标但没写在纸上的13%的毕业生,他们每个人的年收入平均是那些84%的没有人生目标毕业生的两倍。而那些明确把人生目标写在日记本上的3%的学生的收入,是另外两者收入相加后的10倍。

对于财富,我们不能只是停留在"想想"的层面。想要拥有更多的财富,想要过上更好的生活,就必须明确具体的目标是什么,在什么时间实现这个目标,如何来实现这个目标,要形成一个计划。科学地设定一个适当的理财目标等于成功了一半。

1. 设定目标，先从脚下开始

"现实性"是制定理财目标首先要考虑的要素。无论什么样的目标，都要从自己现在的财务基础和能力出发。理财目标不宜制定得过高，脱离现实的目标只能增加自己的压力，目标也就不能发挥出它应有的作用。比如一个刚刚参加工作的人，月收入不足 3 000 元，要想在一年内通过理财在北京拥有一套住房，这样的目标明显是心有余而力不足。可是对于一个拥有一些家产，年收入十几万元的人来说，制定这样的目标就有实现的可能性，动力更足。

"具体化"则是对目标的第二个要求。每个人都会对自己的未来生有一些期望，但要想真正实现这些愿望，一个简单的办法就是把自己的目标具体地描述出来。像很多人都想成为"有车族"，如果你把这个目标具体地描述为"在两年之内，购置一辆 15 万元的家庭用车"，实现起来目的性就会更强。

2. 设定目标，兼顾现在和将来

有一位 30 岁的年轻妈妈抱怨说："理财就得考虑孩子上学的费用，怎么样去买一个大房子，如何过上幸福的养老生活，好像所有的钱都应该为这些目标去储蓄、去投资，时间长了觉得这样的生活有什么意思啊！还不如该花就花，该用就用。"

其实，设定理财目标的初衷在于保证人们在生命的各个阶段都可以过上有品质的生活。有长远的目标固然是对的，但是因此而牺牲了现在的生活就不可取了。这就好比运动员在进行长跑比赛时需要绕着运动场跑很多圈，教练员不仅会告诉运动员，最终需要达到什么样的成绩水平，还会为运动员制定出不同阶段的成绩目标。理财有时候也很类似于长跑，在长期目标中加入一些短期的理财目标，可以让你的胜果更加富于幸福感，也减少了实现长期目标时的枯燥。

像上述这位年轻的妈妈就可以考虑"新年的时候给自己买一个万元名牌皮包"或是"每年和家人一起去旅游度假"这样的短期目标，虽然看上去"牺牲"了一些长期目标，但远远比中途放弃长期目标要好得多。

3. 制定目标，找到实现目标的方法

确立自己的目标很重要，但是更重要的是找到实现目标的途径，竭尽全力地付诸实施。因此，如果希望实现自己的理财目标，不妨就从目标的细化和分解开始做起，按期完成定额目标，也许你会发现很多看上去很遥远的目标实现起来也并没有多难。

随着人口老龄化的加剧，养老问题越来越成为一项负担。有人计算，在大城市生活，大约需要积累200万元的养老费。所以无论如何，养老已经是一个很现实、很重要的问题。

越来越多的人开始认识到养老金筹备的重要性，要想在退休之后维持现有的生活水平，就必须及早建立起自己的养老账户。可说归说，真正进行筹划的人并不多。为什么呢？很重要的一个原因是，大部分人觉得养老是一件遥远的事情，而要想保证养老生活的品质需要的"天文数字"也让他们无所适从。

除了要有一个明确的理财目标，要把握自己未来的生活，必须有一个好的个人理财计划。那么，如何制订自己的理财计划呢？

（1）确定目标。定出你的短期财务目标（1个月、半年、1年、2年）和长期财务目标（5年、10年、20年）。抛开那些不切实际的幻想。如果你认为某些目标太大了，就把它分割成小的具体目标。

（2）排出次序。确定各种目标的实现顺序。和你的家人一起讨论，哪些目标对你们来说最重要？

（3）所需的金钱。计算出要实现这些目标，你需要每个月省多少钱。

（4）个人净资产。计算出自己的净资产。

（5）了解自己的支出。回顾自己过去三个月的所有账单和费用，按照不同的类别，列出所有费用项目，做到对自己的每月平均支出心中有数。

（6）控制支出。比较每月的收入和费用支出。思考一下，哪些项目是可以节省一点的（例如去饭店吃饭）？哪些项目是应该增加的（例如买保险）？

（7）坚持储蓄。计算出每个月应该存多少钱，在发工资的那一天，就把这笔钱直接存入你的银行账户。这是实现个人理财目标的关键一环。

（8）控制透支。控制自己的冲动性购买。每次你想买东西之前，问一次自己：真的需要这件东西吗？没有了它就不行吗？

（9）投资生财。投资总是伴随着风险。如果你还没有足够的知识来防范风险，可以考虑购买保本的银行理财产品或购买国债和投资基金。

（10）保险。保险会未雨绸缪，保护你和家人的将来。健康险非常重要，如果你失去工作能力，就无法赚钱。财产保险对家庭财产占个人资产比例较大的人来说也很重要。试想一下，如果遭受火灾，重新购置服装、家具、电视等，总共需要多少钱？

（11）安家置业。拥有自己的房子可以节省你的租金费用。现在就开始为买房子的首付做准备吧。

制定理财计划的时候，无论你是工薪阶层还是亿万富翁，建好家庭资产档案都是很重要的。这样可以让你知道自家究竟拥有多少净资产，以利于正确地控制应用它们。家庭资产档案，大致可分为以下几类。

（1）贵重资产。如房屋、车辆、金银首饰、高档电器设备等，价值在500元以上的都要明细列出，可按购买价计算，也可按重置价或扣除折旧后的净值统计。如一台电脑买价5 000元，准备5年淘汰，已使用2年，净值就为3 000元。

（2）日常用品。凡价格在500元以下的物品皆归此类，如电灯电话、餐具炊具等。这些低值易耗品多而杂，难以逐一罗列，可大致估算，不需太具体精确。

（3）有价证券。包括股票、债券等每天有市价可以进行计算，计算公式是资产减去借贷即净值。

（4）古玩字画。家庭收藏的古董字画等，这些需请有关的专家为你估值。

（5）生意资产。产业、工具、存货是资产，借贷及应付款是负债。

建立这样的档案可以随时统计家庭财务的净值，一般来说每半年或一年必须结算一次。因为这样的统计可以告诉你，万一有需要时，你可能筹集到多少资金。这对增强投资理念，加强今后资产管理，挖掘盘活家庭资产有所帮助。并可以资产净值来制订家庭计划，为自己设定净值的增长目标，如计划每年增长多少等。还可以修正各类保险，净值越多，所需要的寿险、意外险保障的绝对金额相应加大，相对比例就可以减少一些。

根据家庭的资产档案，有人总结出家庭应常备三个"账本"：家庭理财记账本、家庭贵重物品发票档案本、家庭金融资产档案本。

理财记账本的账簿可采用收入、支出、结存的"三栏式"，方法上可将收、支发生额以流水账的形式按时序逐笔记载，如月末结算，年度总结。同时，按家庭经济收入（如工资收入、经营收入、借入款等）、费用支出（如开门七件事、添置衣服等费用）项目设立明细分类账，并根据发生额进行记录，月末小结，年度作总结。

家庭记账能带来诸多好处：通过记账，能全面反映家庭在一定时期内的经济收入、支出以及结余情况；能对家庭中各项经济收支进行分类反映；由于家庭记账能使家庭成员对自家的经济收支及其结余情况心中有数，因此，能起到鼓励他们积极组织家庭收入的作用。同时，又能使家庭成员本着先收后支，量入为出的原则，有计划地、合理地安排开支，节省费用。通过记账，还能为制订下年度家庭经济收支计划提供参考资料，有利于家庭理财。

发票档案本，主要收集购物发票、合格证、保修卡和说明书等。当遇到质量问题给消费者带来损失时，购物发票无疑是消费者讨回公道、维护自身合法权益的重要凭证，所以一定要妥善保存。在保修期内，保修卡是商品保修凭证，在发生故障时，说明书是维修人员的好帮手。

金融资产档案本，这能及时将有关资料记载入册，当存单等票据遗失或被盗时，可根据家庭金融档案查证，及时挂失，以减少或避免不必要的经济损失。

技巧6：合法避税

中国社会体制的特点是公务员队伍庞大，并且需要国家财政负担的党政事业单位人员众多，因此当前中国税收制度的名义税率高，缴费项目多，企业和工薪阶层负担沉重。逃税、逃费现象时有发生。一些企业和个人违反税收监管、逃避缴费的报道不断见诸各大媒体。尽管政府相继出台一些调整政策，但是如何尽量安全、合法地"自我减负"，仍为共识。

但是冒着巨大的法律风险偷税、漏税并不是明智之举；到处钻法律漏洞的"避税高手"也终究会受到法律制裁。聪明人应该在法律允许的范围内，做好税务筹划。正所谓愚昧者偷税，糊涂者漏税，野蛮者抗税，聪明者合法避税。

税务筹划是指在尊重税法、依法纳税的前提下，纳税人采取适当的手段对纳税义务进行筹划，减少税务上的支出。税务筹划并不是逃税、漏税，它是一种正常合法的活动；税务筹划以对法律和税收的详尽研究为基础，对现有税法规定的不同税率、不同纳税方式的灵活利用，以便将自己创造的利润中更多的部分合法留归自己。

税务筹划如同法庭上的辩护律师，在法律规定范围内，最大限度地保护当事人的合法权益。税务筹划与偷税、漏税以及弄虚作假钻税法空子有本质的区别，它是合法的。

国家税务总局2006年11月6日颁布的《个人所得税自行纳税申报办法（试行）》规定，年收入在12万元以上的纳税人，必须在纳税年度终了后3个月内申报其与纳税相关的个人基础信息。这里指的"年收入"包括我国《个人所得税法》规定的11个应税所得项目，即：工资、薪金所得，个体工商户的生产经营所得，对企事业单位的承包经营、承租经营所得，劳务报酬所得，稿酬所得，特许权使用费所得，利息、股息、红利所得，财产租赁所得，财产转让所得，偶然所得，经国务院财政部门确定征税的其他所得。

因此，无论是应纳税所得还是免税所得，只要总所得超过12万元，都应该将所有11项所得依法申报。

实行申报机制之后，有许多纳税人就开始关注起了税务筹划问题。工资以外的年终奖和兼职收入如何进行税务筹划？买房、买车的支出又该如何将税额规划在最低限度？这些关于"税务筹划"的问题都是你应该关注的，它们可以更好地保护你的收益。

以下几点可作为税务筹划的参考建议。

（1）投资国债免征个税。根据规定，个人投资国债和特种金融债所得利息免征个人所得税。国债素有"金边债券"之称，是各种理财渠道中最安全、最稳妥的投资种类，可以将定期银行存款转换为国债或银行理财产品来免税以增加投资收益。

（2）利用公积金。根据所得税有关规定，每月所缴纳的住房公积金是从税前扣除的，财政部、国家税务总局将单位和个人住房公积金免税比例确定为12%，即职工每月实际缴存的住房公积金，只要在其上一年度月平均工资 12% 的幅度内，就可以在个人应纳税所得额中扣除。因此可以充分利用公积金、补充公积金来免税。

（3）均衡地取得工资薪金所得。收入和奖金，分次领取可以减少税负。目前，一般工资、薪金所得按月计征应纳税款，税率为 5%~45%。其中，工资收入越高，相应纳税就越多。随着工资薪金的提高，如何合理节税的重要性便越高。

专家建议，由于个人的工资、薪金所得采用超额累进税率征税，工资收入越高，适用的税率也越高，相应纳税就越多。因此，年终奖等收入采取"分批领取"的方法，可适当减少缴税额度；而兼职的收入，采取"分次申报"也可适当减税。在纳税人一定时期内收入总额既定的情况下，其分摊到各个纳税期内的收入应尽量均衡，最好不要大起大落，如实施季度奖、半年奖、过节费等薪金，会增加纳税人的纳税负担。

（4）充分利用税法中费用扣除的规定，减少应纳税所得额，减少纳税。例如，某居民个人出租住房的房屋修缮费可以作为房租收入的扣除项目，每月以每次 800 元为限扣除，一次扣除不完的，准予在下一次继续扣除，直到扣完为止。

（5）受近年来政府调控房地产的影响，个人住房转让纳税不可避免，因此尽量不要让房产的增值部分变现，如果需要资金，可以考虑选择用财产作抵押进行信贷融资。

（6）投资基金筹划税务。投资开放式基金可能会给自己带来较高收益，还能达到筹划税务的效果。由于基金获得的股息、红利及企业债的利息收入，由上市公司向基金派发时代扣代缴 20% 的个人所得税，因此，基金向个人投资者分配时不再代扣代缴个人所得税。投资者可以投资的开放式基金主要有股票型基金、债券型基金和货币型基金。以货币型基金为例，目前货币型基金的年收益降到了 2% 以下，但考虑不纳税因素，仍然比 1 年期的税后储蓄收益要高一点。

（7）教育储蓄。因为教育储蓄是国家为鼓励城乡居民积累教育资金而设立的，其最大特点就是免征利息税，因此教育储蓄的实得收益比其他同档次储蓄高5%。

一般而言，教育储蓄在各大银行的开户对象为在校四年级以上（含四年级）学生，50元起存，本金合计最高限额为2万元。开户时，储户与金融机构约定每月固定存入金额，分月存入，存期分为1年、3年、6年。到期支取时，需凭存折和非义务教育的录取通知书原件或学校开具的证明原件才能免税。如果提前支取，存够1年且提供有效证明的，可按1年定期储蓄利率办理，不收利息税。如存满2年，按2年定期计息。

为了获得国家免税优惠效益的最大化，有几点建议：首先，应尽量用足2万元限额。其次，每次约定存款金额要尽量高些，这样得到的利息和免税额的实惠也就多些，因为在同一存期内，每月约定存款数额越小，续存次数就越多，计息的本金就越小，计息的天数也越少，所得利息与免税优惠就越少。最后，应尽量选择存期较长的教育储蓄。因为，学生从接受义务教育到非义务教育需要一定的时间，故应选择3年期、6年期的教育储蓄，可以从容地利用好各种优惠政策。

例如，某工薪家庭目前为刚读初中的子女进行存款，同样是每月存入554元，3年存足20 000元，如选择普通的零存整取储蓄，年利率为1.71%，到期扣除利息税205.2元后的本息总额为20 820.8元；若选择同期教育储蓄，享受3年期整存整取3.24%的年利率，且免征利息税，到期本息总额为21 944元，比前者多出1 123.2元。若选择同等总额6年期储蓄作比较，算法相同，如果利率提高，两者相差会更多。

（8）保险赔付及"三险"可享受免税政策：一是医疗保险金，不计个人当期的工资、薪金收入，免征个人所得税。二是保险赔款免个人所得税。

三是缴付的医疗保险金、基本养老保险金和失业保险基金存入银行个人账户所取得的利息收入，也免征个人所得税。

（9）费用转移。一般的做法就是和单位商量，让其提供尽可能多的设备或服务而相应降低薪酬。这样就将费用转移给予单位，自己基本上不负担费用，使自己的名义薪酬所得降低，从而降低税负。可以考虑由单位负担的费用和服务有：交通费、住宿费、用餐费、医疗福利、其他一些特殊工种专用的办公设备等。由此企业的实际支出没有变多，甚至还可能有所减少。

某理财师曾举过这样一个例子：某教授与出版社达成协议，创作一本书籍，全部稿酬为 20 万元。该教授到上海、广东、浙江等地进行实地考察研究发生费用 5 万元，其中：交通费 1.2 万元，住宿费 1.5 万元、伙食费 0.8 万元，其他费用 1.5 万元。

如果该教授自己负担费用，则：

应纳税额 =200 000×（1-20%）×20%×（1-30%）=22 400（元）

实际收入 =200 000-50 000-22 400=127 600（元）

如果考察费用改由出版社支出，限额为 5 万元，该教授实际收到的稿酬为 15 万元。则：

应纳税额 =150 000×（1-20%）×20%×（1-30%）=16 800（元）

实际收入 =150 000-16 800=133 200（元）

因此，由出版社负担费用，该教授可以节税 5 600 元。

还有一些专业人士针对不同的情况也提出了筹划税务的方案。

（1）物业投资巧妙利用退税优惠。根据此前国家税务总局发布的新通知规定，个人出售自有房屋所得税税率为 20%，计算公式为：

应纳税额 = 应纳税所得额 × 税率（20%）

个人所得税 =（转让收入 - 房屋原值 - 转让住房过程中缴纳的税金 - 合理费用）×20%（合理费用假定为 10%）

专业人士指出，合理费用是指纳税人按照规定实际支付的住房装修费用、住房贷款利息、手续费、公证费等费用（商品房及其他住房装修费用最高扣除限额为房屋原值的10%）。

比如，张先生于2005年购买的一套房子，假设原价值为48万元，现在以65万元出售。由于该套房屋在营业税征收范围内，所以他需要缴纳营业税、印花税和个人所得税。

转让房屋需缴纳的营业税=65×5.5%=3.575（万元）

印花税=65×0.05%=0.0325（万元）

因此，需缴纳的个人所得税=（65−48−3.575−0.0325−4.8）×20%=1.7185（万元）。

张先生所要缴纳税费总额=营业税+印花税+个人所得税=5.326（万元）

中国银行广东省分行有关人士指出，市民转让房产在不同的时段成交，有不同的纳税标准。另外，目前地税局方面已出台个人转让房产税收政策，1年内先买新房再卖旧房的市民也可享受个人所得税的全部或部分退税优惠，因此，符合此条件的市民可以留意该优惠政策。

（2）买车交税排量越大税负越高。根据最新的消费税调整政策，自2006年4月1日起，乘用车（包括越野车）依据排气量大小来界定适用不同的税率，排气量越小的小汽车，消费税适用税率越低。具体税率情况如下：

排气量小于1.5升（含）的小汽车，消费税的税率为3%；排气量在1.5~2.0升（含）之间，税率为5%；排气量在2.0~2.5升（含）之间，税率为9%；排气量在2.5~3.0升（含）之间，税率为12%；排气量在3.0~4.0升（含）气量，税率为15%；排气量在4.0升以上的，税率为20%。

专业人士建议，如准备购买小汽车，可根据自身需求来选择不同的排气量，参照适用税率作出节税的安排。对于进口汽车而言，进口到岸价格的申报将影响到进口税务的适用，所以不同的价格安排将有不同的税务效果。

对于目前社会的高收入人群来说，税务筹划已经成为了他们积累财富的一个重要手段。有位精英人士透露，其实对于大额收入来说，稍微进行一些处理，就可能节约相当大的税款，这是一种最基本的节税观念。

技巧 7：开始行动

无论如何，理财都需要付诸行动，并需要坚持一生去践行。如果没有行动，一切等于零。

日本的麦当劳店加起来有1.35万家，每年都有40亿美元的收入。这是一个数字的传奇，而创造这个数字传奇的人是一个名叫藤田的日本人。藤田毕业于日本早稻田大学经济学系，毕业之后在一家电器公司打工。后来，藤田看到了麦当劳的无限商机，于是决定贷款经营麦当劳。但在日本要取得特许经营资格是需要具备相当财力和特殊资格的，这对于两手空空的藤田而言可以说是一个不小的门槛。

150万美元现款和一家中等规模以上银行信用支持的苛刻条件暂时把藤田挡在了门外。虽然只有不到5万美元存款，但藤田还是决意要不惜一切代价在日本创立麦当劳事业，于是他绞尽脑汁地东挪西凑起来。

几个月下来他只借到了4万美元。然而藤田是一个永不服输的人，他决定向日本住友银行贷款。

银行总裁接见了藤田，听完他的自我介绍，总裁说："你只有5万美元，拿什么做抵押，我凭什么相信你呢？"

"那5万元是我5年来按月存款的收获，"藤田说道，"5年里，我每月坚持存下1/3的工资，从来没有间断过。5年里，无论我的处境多么尴尬，我从来没有动过存款里的一分钱，哪怕我四处贷款也都要保证每个月存进去固定的钱，这是我增加存款的唯一办法。在我跨出大学校门的那一天我就立下志愿，在以后的10年里，我要存够10万美元，然后开创自己的事业。现在机会来了，但是我的钱还没有存够，所以我来贷款，因为我的事业必须现在就开始了……"

藤田的话让银行总裁十分震惊，他向藤田问明了他存钱的银行地址，然后对藤田说："你先回去吧，如果我决定了，下午就会给你答复的。"

银行总裁来到藤田存钱的银行，向柜台小姐询问藤田的事，柜台小姐说："他是我见到过的最有毅力的年轻人。5年来，他总是准时来我们这里存钱。我们这里的每一个人都很佩服他！"

总裁回去后立刻给藤田打了电话，告诉他住友银行可以毫无条件地支持他创建麦当劳事业。藤田追问了一句："请问，您为什么决定支持我呢？"

总裁在电话那头感慨万千地说："我再有2年就要退休了，论年龄，我是你的两倍，论收入，我是你的30倍，可是，我的存款却还没有你多……好好干吧，年轻人，我相信你会有出息的！"

之后的发展，证明了银行总裁的判断是完全正确的，而他对藤田产生信任的关键原因，是他在这个年轻人身上看到了行动的力量。

美国作家格林在演讲时，曾不止一次地对听众开玩笑说，全球最大的航空速递公司联邦快递（FedEx）其实是他构想的。格林没说假话，他的确曾做过这样的设想。20世纪60年代，格林刚刚起步，在全美为公司做中介工作，每天都在为如何将文件在限定时间内送往其他城市而苦恼。

当时，格林曾经想到，如果有人开办一个公司，能够提供将重要文件在24小时之内送达任何目的地的服务，该有多好！这想法在他脑海中停留了好几年，他也经常和其他人谈起这个构想，遗憾的是，他没有采取行动，直到一个名叫弗列德·史密斯的家伙（联邦快递的创始人）真的把它转换为实际行动。从而，格林也就与开创事业的大好机会擦身而过了。

美国《致富时代》杂志，曾刊登过一个故事。有一个自称"只要能赚钱的生意都做"的年轻人，在一次偶然的机会，听人说市民缺乏便宜的塑料袋盛垃圾。他立即就进行了市场调查，通过认真预测，认为有利可图，马上着手行动，很快把价廉物美的塑料袋推向市场。结果，靠那条别人看来一文不值的"垃圾袋"的信息，两星期内，这位小伙子就赚了 4 万块。

财富不会无缘无故从天而降，只有采取行动才能捕捉到财富。一个叫莉莲·卡茨的美国妇女十分清楚这一点。在她还没有成为富人之前，她利用结婚时亲朋好友送的贺礼中攒下的 2 000 美元，在一本流行杂志上刊登了一则小广告，开始走上了推销自己个性化的汉堡和减肥食品的道路。一年后，订单源源不断，莉莲·卡茨的业务不断壮大，年销售额超过 1 亿美元，每周需要处理的订单超过 30 000 份。有上千名员工与莉莲·卡茨为了公司的美好前景而努力。

如果你想成为富人，需要从今天开始就采取行动，而不是拖到明天或者更晚的时间。作家玛丽亚·埃奇沃斯对这个问题的理解颇有见地。她写道："如果不趁着这股新鲜劲儿，今天就执行自己的想法，那么，明天也不可能有机会将它们付诸实践；它们或者在你的忙忙碌碌中消散、消失和消亡，或者陷入和迷失在好逸恶劳的泥沼之中。"

电子游戏之父诺兰·布歇尔被问及企业家的成功之道时，这样回答："关键便在于抛开自己的懒惰，去做点什么。就这么简单。很多人都有很好的想法，但是只有很少的人会即刻着手付诸实践。不是明天，不是下星期，就在今天。真正的企业家是一位行动者，而不是什么空想家。"

1968 年，在投资美国运通公司过后没几年，巴菲特成为依阿华州格林内尔市的格林内尔学院理事，那时该学院流动的捐赠基金大约有 1 200 万美元。不久，巴菲特就向该学院提出了几条很好的投资建议。第一条，尽快行动起来；第二条，如果其他什么人拥有你想要的东西，那么就买他们公司的一部分股票。

如果没有实际行动，就不会成就今天的巴菲特、比尔·盖茨、李嘉诚。如果穷人和富人之间有着明显的分界线，那么行动一定是其中最重要的一条。

艾德·佛曼曾经在一次演讲中对那些不愿采取实际行动的空想家进行了细致刻画："总有一天我会长大，我会从学校毕业并参加工作，那时，我将开始按照自己的方式生活。总有一天，在偿清所有贷款之后，我的财务状况会走上正轨，孩子们也会长大，那时，我将开着新车，开始令人激动的全球旅行。总有一天，我将买辆漂亮的汽车开回家，并开始周游我们伟大的祖国，去看一看所有该看的东西。总有一天……"

这些可悲的人最终生活在自己的幻想中，并在实际生活中扮演着穷人的角色。如果说有什么办法可以改变这种窘况，那就是毫不迟疑地行动！

马上行动是一种习惯，是一种做事的态度，也是每一个成功者共有的特质。

宇宙有惯性定律。什么事情你一旦拖延，你就总是会拖延，但你一旦开始行动，通常就会一直做到底。所以，凡事行动就是成功的一半，第一步是最重要的一步，行动应该从第一秒开始，而不是第二秒。

只要从早上睁开眼睛那一刻开始，你就马上行动起来，一直行动下去，对每一件事都要告诉自己立刻去做，你会发现，你整天都充满着行动力的感觉，这样持续三个星期，你可能就养成了马上行动的好习惯了。

所以，现在看到这里，请你不要再想了，再想也没有用，去做它吧！马上拿一张纸写上"立刻行动"，贴在你的书桌前、床头、镜子前，贴满你的房间，你一看到它就会有行动力的。

为了养成你马上行动的好习惯，请你大声地告诉自己："凡事我要立刻行动，立刻行动！"只有不断地行动，才能帮你快速成长，才会让你快速成就自己的梦想。

Chapter 04
聪明人理财的 7 种思维

每个人都有两样伟大的东西：思考和时间。每一元钞票流入你的手中，只有你有权决定它的用途。愚蠢地用掉它，你就选择了贫困；聪明地对待它，你就有可能得到富有。选择是你做出的，每一天面对每一元钱，你都在做出自己是成为一名富人、穷人还是中产阶级的抉择。

人类最大的资产其实就是自己的大脑，但最大的负债也是自己的大脑。美国理财专家在《富爸爸穷爸爸》一书中提到，穷人和富人存在两种不同的思想，穷人是遵循"工作为挣钱"的思路，而富人则是主张"钱要为我工作"。富人是因为学习和掌握了财务知识，了解金钱的运动规律并为我所用，大大提高了自己大脑的潜力；而穷人则是缺少财务知识，不懂得金钱的运动规律，因而没有开启自己的财富潜能。

这一章将从思考和思维角度，来进一步讲述理财的知识和技法，帮助你开启财富的潜能。

思维 1：适度冒险

在投资理财和生意中，风险是最值得探讨的话题。

有人主张"利在险中求",孤注一掷也在所不惜。有人认为"小心使得万年船",绝不拿钱做冒险的尝试。

关于风险,聪明的思考方式包含以下几个要点。

1. 风险无处不在

人生一世,处处都存在着风险。过马路时,不能百分百地保证不出车祸;坐飞机时,不能百分百地保证飞机不会掉下来;结婚时,不能保证配偶会永远相爱;即便生养一个小孩,也无法保证这孩子将来会有出息并孝顺。但我们还是要过马路,坐车,坐飞机,结婚,生小孩。因为我们知道,我们应该承担这些合理风险。

钱放在家里,有被偷的风险,存在银行有银行倒闭的风险,买基金有折本的风险……如影随形的,还有通货膨胀的风险。因此,风险是无处不在的,与风险共处,是我们必须面对的事。

2. 低风险套利无处不在

把钱存在银行,无论高低,都会有利息,这就是低风险套利。这种风险低到了可以忽略不计的程度,因此,一般人都会把银行存款作为理财的首选。但是存款利息实在是太低了,还应设法寻找其他低风险但收益更大的理财方式,例如银行发行的理财产品、基金等。

如果能锁定收益,而收益能超过存款利息等常见的套利机会,则也应积极参与。例如2015年第四季度,美元加息的消息传出后,如果你能在第一时间把人民币兑换成美元,当时的汇率为1美元兑换6.3元左右的人民币。那么到了2016年第1季度,你按照1美元兑换6.55元人民币的汇率再兑换回来,短短3—4个月的时间,可以赚到年息15%左右的外汇套利收入。为什么这笔交易能叫低风险套利呢?因为了解汇率运行规律的人都知道美元利息与美元的坚挺度是息息相关的,一旦美元开始加息,短期内美元汇率的上涨行情是相当大概率的事件。

3. 风险思维是一种概率思维

从财务的角度来看，风险就是发生财产损失的可能性，财产损失的可能性越大风险就越大，反之，风险就越小。

一件事发生的可能性，在数学上叫概率。一件事百分百会发生，那么发生的概率为100%，一件事有90%的可能性会发生，那么发生的概率是90%。

因而要理解风险就要理解概率。

以股市的风险为例，在进入牛市之后，股市整体的估值水平提高，因此每只股票都会跟着涨一段时间，你随便买一只股票，上涨是大概率事件，这时买股票的风险就很低；而股市转熊之后，股市整体的估值水平要下降，因此每只股票都会跟着跌一段时间，这时不管你持有什么股票，下跌都是大概率事件，持有股票的风险就很高。

有些股市新手，不懂得这个道理，在牛市赚钱之后，信心大增，以为自己找到了股市赚钱的秘诀，连卖房炒股、借钱炒股、辞职炒股的念头都出现了。等到股市走熊之后，又不懂得及时减仓离场，最终亏损套牢，损失惨重。

4. 冒险与赌博的不同

一个人抛硬币，一个人猜硬币的正反面，猜对时，抛的人给猜的人10元，猜错时，猜的人给抛的人10元。

从概率上讲，猜对和猜错的概率都是50%，两个人一直玩下去，互不赚钱是大概率事件，最终两人的财富总和没有增减，这叫零和博弈。

零和博弈是赌博的一个重要特征。而冒险追求的是增值博弈。

例如，你到陕西秦岭一带旅游，发现当地人没有吃竹笋的习俗，而山中却遍布竹林。你可以按照1千克5元的价格收购，拿到江浙一带按照1千克10元出售。除去每千克1元的运输等成本，每千克有4元利润，你打算投资60 000元做个尝试。如果这笔生意做成的可能性为80%,那么收入的期望值为10 000千克乘以每千克10元乘以80%等于80 000元,与初始的60 000元投资相比,增值了,值得一试。如果做成的可能性为50%,那么收入的期望值为50 000元,与初始的60 000元相比,减值了。聪明的人一定会在有七八成把握之后,再做这笔生意。

善于经营投资的犹太人往往都熟悉概率论,他们知道可能性和期望值。玩彩票的中彩机会非常非常之小,以至于他们认为,"每周用火烧掉几张美元也比把钱丢到彩票中去更强!"他们知道,在大多数的赌博中,尤其是玩彩票,玩者根本无法事先知道卖出的彩票总数,也就无法知道中彩的可能性或期望值。而且在游戏规则上,彩票公司只有让总的中奖期望值小于奖金额,才能经营得下去,因此,在注定赔钱的游戏中,靠运气赚钱,就是赌博,而不是合理的冒险。

5. 分散投资可以降低风险

不要把鸡蛋放在同一个篮子里,因为如果这个篮子掉在地上,你所有的鸡蛋都将摔破。这就是分散投资降低风险的生动写照。

在概率上讲,多个厄运同时发生的概率总是小于一个厄运单独发生的概率。因此不要把全部资产放在一种投资品种上,显然是降低风险的理性选择。

在西方各国,如美国,最流行的是三分法:1/3的现金存入银行以备急需,1/3的现金购买债券、股票等有价证券作长期投资,剩下的1/3投资于房地产等不动产——一般情况下房地产只会增值而不会贬值,这部分投资可以作为准备金和后备基金,以备其他投资蚀本时用以保本或翻本。

在有价证券的投资上,投资者也往往将1/3用来购买安全性高的债券或优先股,1/3购买有发展前途的成长型股票,1/3购买普通股票,以分散风险并取得差价收益。

以当前的2016年一季度为时点来看,我国的房地产市场泡沫严重,极有可能在相当长一段时间内上涨乏力，房价平行或下行是大概率事件。从理财的角度讲，不建议投资者在当下时点买进新的房产。可以把 1/3 资金用于银行存款或持有现金，1/3 资金购买安全性高的债券，1/3 资金购买股票。

思维 2：稳健复利

有一个古老的故事，一个爱下象棋的国王棋艺高超，任何人只要能赢他，国王就会答应他一个要求。一天，一位年轻人终于赢了国王，年轻人要求的奖赏就是在棋盘的第一个格子放一粒麦子，在第二个格子中放进前一个格子的一倍，每一个格子中都是前一个格子中麦子的一倍，一直将棋盘的格子放满。国王很爽快地答应了，但很快就发现，即使将国库中所有的粮食都给他，也不够百分之一，因为即使一粒麦子只有一克重，也需要数十万亿吨的麦子才够。

这就是复利的力量！尽管从表面上看起点很低，但经过很多次的乘积，最终的结果会变成庞大的数字。生活中投资者应该怎样运用复利思维呢？

首先我们要明确一下复利的定义。复利是与单利相对应的经济概念。单利的计算不用把利息计入本金；而复利恰恰相反，它的利息要并入本金中重复计息。复利就是复合利息，它是指每年的收益还可以产生收益，具体是将整个借贷期限分割为若干段，前一段按本金计算出的利息要加入到本金中，形成增大了的本金，作为下一段计算利息的本金基数，直到每一段的利息都计算出来，加总之后，就得出整个借贷期内的利息，简单来说就是俗称的"利滚利"。

例如，1 万元的本金，按年收益率 10% 计算复利，第一年年末你将得到 1.1 万元，把这 1.1 万元继续按 10% 的收益投放，第二年年末是 $1.1 \times 1.1 = 1.21$

万元，如此第三年年末是 1.21×1.1=1.331 万元，到第八年就是 2.14 万元。

因此，聪明人无不深谙复利之道。曾经的欧洲金融统治者罗思柴尔德曾说过，"我不知道世界七大奇迹是什么，但我知道第八大奇迹是复利。"

在投资领域，如果将银行利率作为社会资金回报的基准，投资人通过投资于盈利能力强于基准的金融品种就可以创造超额收益。这样长年叠加下去，复利的效应终会显现。

虽然复利公式并不难，但若是期数很多，算起来还是相当麻烦，好在互联网上能查到复利表，投资人只要按表索骥，很容易便可计算出来。

不过复利表虽然好用，但也不可能始终都带在身边，若是遇到需要计算复利报酬时，倒是有一个简单的"72 法则"可以取巧。

所谓的"72 法则"就是以 1% 的复利来计息，经过 72 年以后，你的本金就会变成原来的一倍。这个公式好用的地方在于它能以一推十，例如：利用 5% 年报酬率的投资工具，经过 14.4 年（72/5）本金就变成一倍；利用 12% 的投资工具，则要六年左右（72/12），才能让一块钱变成两块钱。

因此，今天如果你手中有 100 万元，运用了报酬率 15% 的投资工具，你可以很快便知道，经过约 4.8 年，你的 100 万元就会变成 200 万元。

虽然利用 72 法则不像查表计算那么精确，但也已经十分接近了，因此当你手中少了一份复利表时，记住简单的 72 法则，或许能够帮你不少的忙。

在复利的模式下一项投资所坚持的时间越长，带来的回报就越高。在最初的一段时间里，得到的回报也许不理想，但只要将这些利润进行再投资，那么你的资金就会像滚雪球一样，变得越来越大。经过年复一年的积累，你的资金就可以攀登上一个新台阶，这时候你已经在新的层次上进行自己的投资了，你每年的资金回报也已远远超出了最初的投资。

然而，在为复利的如此神奇的增长而兴奋的同时，也不要忘记"负复利"存在。

相对于正复利，负复利也同样发挥着强大的作用，甚至比正复利作用更大。在复利发挥同等作用下，下跌三分之一需要上涨50%才能复原，下跌50%则需要上涨100%才能复原。

巴菲特规避"负复利"增长的方式，在全世界是做得最好的。研究一下巴菲特1957—2007年共51年的投资业绩，可以看出，仅有2001年的收益率为-6.2%，为负增长，其他所有年份的收益都为正的增长。巴菲特的这一业绩充分说明了复利的魅力，也充分说明规避负复利增长的重要性。

规避"负复利"增长是巴菲特一贯的投资目标。巴菲特1966年7月12日给合伙人的信中指出："当大多数人赚钱时，我们也赚，而且赚的程度差不多；当大多数人输钱时，我们也输，但是输得少一些。"巴菲特在1960年2月20日给合伙人的信中说道："在熊市中取得优秀的业绩，在牛市中取得平均业绩。"

所以，想实现复利增长的梦想，关键之处是要规避"负复利"。

在日常生活中，最常见的负复利是通货膨胀。由于现代人都生活在使用纸币的环境下，国家投放到社会中的纸币越多，通货膨胀率就会越高，而国家为了刺激经济发展，却总是依赖于货币投放，因而通货膨胀是人们不得不面对的负利率。

由于通货膨胀和负利率的存在，因而现代人必须理财才能战胜通过通货膨胀，才能让自己的财富保持原有的购买力。

思维3：警惕暴利

有人告诉你，他有一个发财的秘诀，每年可以让你的钱翻一倍。如果你给他1万元，他就传授你这个秘诀。或者他说，你把钱放在他那里，他就能帮你实现。

你同意吗？

啊，1万元1年之后就能赚到1万元……真诱人啊，会不会是个骗子？这时，你身边的一个同学、朋友或亲戚告诉你，这是真的，他已经赚到了，正准备拿更多的钱投进去。

这时，你会不会在半信半疑之后，拿出1万元去尝试了！

我告诉你，这一定是个骗局。

如果一个人有这样的生财之道，我告诉你，他只需有1万元，用20年（2的20次方）时间就能挣100亿！你觉得这可能吗？

当你掌握了复利的思维，就能立即看出一些骗局的破绽。

所有的骗局，莫不是以暴利来诱惑人上当。这是利用了人性贪婪和恐惧的弱点。

人在利益面前，既会利令智昏，又会害怕吃亏。前者让你异想天开地想一夜致富，后者让你在看到别人都在这么做的时候，害怕自己错过了机会，从而挤破头地去上当受骗。

早在1990年代，中国民间就出现了以高利息为诱饵进行集资的金融诈骗，月利息一般在2%以上，被骗者无数。到了2015年，这种金融诈骗通过所谓的"互联网+"，以互联网金融的名义，混迹在形形色色、泥沙俱下的P2P公司中，但并没有改变其"庞氏骗局"的本质，让众多中产阶级和白领阶层血本无归。

庞氏骗局是对金融领域投资诈骗的称呼，是一个名叫查尔斯·庞兹的投机商人"发明"的。查尔斯·庞兹1903年从意大利移民到美国，1919年开始策划一个阴谋，向一个事实上子虚乌有的企业投资，许诺投资者将在三个月内得到40%的利润回报。然后，狡猾的庞兹把新投资者的钱作为快速盈利付给最初投资的人，以诱使更多的人上当。由于前期投资的人回报丰厚，庞兹成功地在七个月内吸引了三万名投资者，这场阴谋持续了一年之久，才让被利益冲昏头脑的人们清醒过来，后人称之为"庞氏骗局"。

庞氏骗局在中国又被称为"拆东墙补西墙""空手套白狼"。简言之就是利用新投资人的钱来向老投资者支付利息和短期回报，以制造短期暴利的假象进而骗取更多的投资。

什么是暴利呢？暴利就是超过社会平均利润率的利润率。

在市场经济中，当一个行业出现暴利时，资本的逐利性就会驱使资本蜂拥而至，导致该行业的竞争加剧，为了在竞争中取胜，各家企业会降低价格，争夺顾客，从而导致该行业整体利润率的下降。当竞争惨烈到大部分企业都无利可图的时候，倒闭和转型就会发生，资本也会从这个行业退出，从而又让该行业的利润能够恢复到社会平均利润率附近。

因此，暴利都不具有持续性。没有哪个行业、哪个企业能长期赚取暴利。

再来看一下我国主要行业的利润率数据。根据2015年国家税务总局企业所得税税源报表统计数据测算。主要行业的平均利润率测算结果如下（精确到百分比个位数）：

工业：7%；

运输业：9%；

商品流通业（包括批发和零售）：3%；

施工房地产开发业：6%；

旅游饮食服务业：9%；

其他行业：8%。

为了慎重起见和准确掌握实际情况，有人选择山西、山东、广东、黑龙江、重庆、甘肃等6个不同经济发展程度的省市，对各行业及其细分行业平均利润率又进行了一番测算。结果如下：

工业：5%~13%；

交通运输业：9%~14%；

商业（批发）：4%~7%；

商业（零售）：4%~9%；

建筑业：6%~15%；

餐饮业：8%~15%；

服务业：9%~15%；

娱乐业：15%~25%。

利润率最高的娱乐业，利润率也不会超过25%！

当你具备了这样的经济学常识，就会在利益的诱惑面前，多了一份理性，多了一层客观的判断，不会轻易进入别人设好的骗局。

记住，警惕暴利！这种思维会提醒你"一夜暴富"的欺骗性，也会告诫你"天上不会掉馅饼"，能为你的财富之旅保驾护航。

思维4：不熟不做

人们赚不到钱，或者投资失败，还有一个常见的原因是盲目从众。

心理学中有个"羊群效应"：在一群羊前面横放一根木棍，第一只羊跳了过去，第二只、第三只也会跟着跳过去；这时，把那根棍子撤走，后面的羊，走到这里，仍然像前面的羊一样，向上跳一下，尽管拦路的棍子已经不在了，这就是所谓的"羊群效应"，也称"从众心理"。从众心理很容易导致盲从，而盲从往往会陷入骗局或遭到失败。

投资大师罗杰斯在给女儿的12封信中说："不要让别人影响你。假如周遭的人都劝你不要做某件事，甚至嘲笑你根本不该想去做，就可以把这件事当作可能成功的指标。"

从众心理让很多投资者人云亦云，别人投资什么，自己就跟风而上；而在结伴消费时，同伴的消费行为也会对自己的消费产生心理和行为上的影响。

这种盲目从众的"随大流"习惯，永远也不可能让你致富。比如投资基金，若是2005年年底或2006年上半年在大多数人不看好的时候投入资金，2006年年底就可能1万变2万，2万变4万了。2006年年底大家都看基金赚钱，都买入，再有100%的回报就不可能了。同样的机会出现在2014年年初，但当时证券公司生意清淡，银行里销售基金的窗口也门可罗雀，殊不知，当时买入基金，到2015年第一季度末翻倍是大概率事件。

在股市中盛传着一个"老太太定理"。传说某地证券公司门口有个看自行车的老太太，其貌不扬，却腰缠万贯。而她的炒股思路，可谓天下无双，她根据自己所看的自行车多少决定是否要入市。当停放的自行车寥寥无几的时候，她就进场买股票，当门口的场子内自行车停得放不下时，她就卖出股票。

"老太太定理"还有另一个版本。当你周边的老太太开始热衷于买菜和跳广场舞的时候，你就买入股票，当你周边的老太太开始和你谈论股票时，你就卖出股票。

不管是哪个版本的"老太太定理"，都说出了一个投资的真相：在大家蜂拥而至时，获利离场，在大家不看好时，大胆进场。

第一个版本的"老太太定理"还引申出了一种重要的财富思维：做自己熟悉的事情才更容易赚钱。这个老太太在证券公司门口看自行车，她对股市冷热的熟悉程度可谓"春江水暖鸭先知"，很少有人能比她的感受更直接更靠谱。

1. 做自己擅长的事

你所熟悉的事，你未必擅长。但你擅长的事，却必定熟悉。因此，"不熟不做"思维的第一个应用就是做自己擅长的事。

哈佛大学的伯恩斯教授做了一个统计，发现几乎所有成功者都有的一个共同特征是：不论聪明才智高低与否，又不论是从事哪一个行业、担任什么职务，他们都在做自己最擅长的事。

一个不善言谈而擅长写作的人，如果羡慕别人的高薪而去做销售，只怕连饭碗都保不住；擅长设计的人，想要靠写作挣钱恐怕不会有什么"钱途"。他可以而且应该利用自己所长，将设计方案转化为金钱。

聪明人总是善于经营自己的长处并靠此赚钱，而不够聪明的人却反其道而行之，或者盲目地随波逐流，任时光流逝，技能荒废。

现任北京金石海纳广告公司的副总经理王先生，曾在另一家广告公司就职，因为在一单业务中擅自做主，遭到老板的批评，愤而辞职。谁料在此后的很长一段时间，没找到满意的工作。

2006年春节后的一天，遇到一个久未重逢的老同学，给他介绍了一个某化妆品的"直销"业务。没聊几分钟，同学就向他宣传起了直销业务的巨额回报，并极力"建议"他参加业务培训会。在培训的大部分时间里，对方都在灌输"快速暴富"的理念，同时催促他交钱成为会员。急于致富的王先生拿出了全部存款3万元投身"直销"行业。没过多长时间，公司被列入非法传销，他这才如梦初醒，开始痛心疾首地反省自己。

后来，王先生之前的一个客户找到他，想与他合伙开一家广告公司。经过分析，两人决定一起创业。刚开始的时候，广告设计的业务量还起不来，两人都明显地感到钱并不是那么好赚。但是努力地坚持一年之后，公司开始扭亏为盈；到了当年年底，公司已经赚了80多万元。此时，王先生不仅成了名副其实的王总，而且把公司做大做强的雄心壮志也油然而生。

王总参加了"直销"行业，结果被骗进了传销的陷阱；而当他从事自己熟悉的广告设计行业时，则变得如鱼得水。专注于做自己擅长的事、熟悉的业务，成功就会这么简单。

2. 勇于舍弃，不熟不做

比尔·盖茨那么有钱，他为什么不做石油生意？为什么不做电动车？为什么不在所有赚钱的领域都投资发财呢？原因很简单，他不熟，他也怕赔钱。

即使是股神巴菲特，在投资股票时，也秉持"不熟不做"的原则。2000年年初，不论科技股被炒到多高、多火，巴菲特都坦诚地告诉股东"看不懂科技股"，并始终坚持不熟不做的原则。结果是有效地避免了后来科技股大跌可能遭受的巨大损失。

各行各业赚钱的关键其实就在"熟悉"二字上，熟悉一个行业到一定程度，研究它的规律，抓住它的发展趋势，就可以投资了。如果一个投资者天资聪颖，又赶上了好时机，自然可以赚大钱；可是如果不够聪颖，又没赶上好时机，那么投资者就要充分熟悉投资领域，熟悉之后抓住规律也是可以赚钱的。

思维 5：杠杆思维

假设有人和你签了一个合同，约定在三天后按照每吨 4 000 元的价格购买不多于 1 000 吨的大豆。

而你手上只有 90 万现金，可以收购到 300 吨大豆。以此金额交易，可以获得 30 万收益，收益率是 33%。

这时，如果有人愿意借给你 210 万元，三天的利息是 10%，即 21 万元，你是否愿意借这笔钱？

建议你立即去借这笔钱！因为交易完成后，你能获得 100 万元的毛利，偿还本息后净利79万元。与你的固有本金90万相比，你三天的收益率是88%。

同样是90万元的本金，一个获得了33%的收益，一个获得了88%的收益，原因何在？

原因在于第二种交易形式使用了杠杆的力量。

杠杆是物理学中的术语之一，利用一根杠杆和一个支点，就能用很小的力量撬起很重的物体。古希腊科学家阿基米德有这样一句流传千古的名言："给我一个支点，我就能撬起地球！"这是对杠杆原理最精彩的描述。杠杆原理充分应用于投资理财和商业活动中，主要是指利用很小的资金获得很大的收益，是一种以小博大的思维方式。

例如，你要开办工厂，建设厂房需要100万元，购买机器设备需要350万元，开办费需要50万元。而你手上只有100万元，怎么办呢？你可以花10万元租一个厂房，花35万元租用机器设备，然后工厂就能开办了。这个例子中花95万元办500万元的事，用的也是杠杆思维。

从某种程度上来说，杠杆原理的使用可以增加你的购买力，使你掌握自己的潜在资产。它的机制远比你想象的要普通，比如说，当你进行抵押贷款的时候，你实际上是在运用杠杆原理来支付你无法用现金兑付的某样东西，而当你偿付了抵押贷款后，你就可以在资产买卖中获取利润。

你也可以将杠杆原理运用到股票投资的保证金交易中。在这个场合中，可以用自己的钱加上从股票经纪人那里借来的钱来购买股票。如果股票上涨，你可以卖出而获取盈利，然后将借的钱和借款利息归还，剩余的钱就归你了。

你只是用了自己很少的钱进行投资，使用杠杆原理可能会比不用在投资回报上赚取更多。举一个例子来说，如果你自己出5 000美元，又借了5 000美元做一笔10 000美元的投资，然后又以15 000美元出手，那么你盈利是以5 000美元赚取了5 000美元，换句话说，你的投资回报率是100%。如果你全部用自己的钱来投资，则只是在10 000美元的投资基础上实现了5 000美元的盈利，或者说是50%的回报率。

虽然在投资中运用杠杆原理会增加你的收益，但也会给你带来巨大的风险。

如果一旦拖欠贷款，即便你以前一直有规律地支付贷款，贷方也会因这次欠款收回你的房屋。因为杠杆性要求你抵押一定价值的物品来把握你的财务合伙人投入资金数量的风险。如果你卖出的资产总额不足以偿还借贷，那么你仍然应该向贷方支付剩余的款项。

如果你以保证金来购买股票，一旦你的股票跌至低于相应的购买价格所预先设定的百分比，你就必须上缴一定数额的保证金，以便你的股票经纪人的那笔钱不会处于危险之中。况且如果你割肉的话，你仍然必须偿付全额的保证金。

运用杠杆性投资的波动越大，带来巨大损失的风险性越高。事实上，你损失的钱会比你的投资还多，而这种情况在没有运用杠杆性投资的时候是不会发生的。

俗话说，凡事有一利就有一弊，甘蔗没有两头甜，杠杆也不例外。我们在使用杠杆之前有一个更重要的核心需要把握住：那就是成功与失败的概率是多大。要是赚钱的概率比较大，就可以用很大的杠杆，因为这样赚钱快。如果失败的概率比较大，那根本不能做，做了就是失败，而且会赔得很惨。

在投资市场上，人们都有以小博大的欲望，希望用很少的钱赚更多的钱。但是，天下没有免费的午餐，使用杠杆必然是以巨大的风险为代价，这就需要投资者不要只看到收益，更要看到风险，谨慎使用这一工具。

思维6：信息致富

看到天上乌云密布？你会想到什么？

想到天会下雨。

然后呢？

然后回家拿上雨伞。

信息—思考—行动，这是聪明人信息致富的三个必要步骤。

2014年4月1日，重庆商报报道，全国首张电子发票在重庆诞生。看到这条信息，一般人可能就是看看而已。而私募基金经理陈杰却展开了思考。经过调研发现，电子发票不仅能降低企业的纳税成本，降低税务机关的征税成本，而且迎合了消费者网上购物的需求，因此电子发票取代纸质发票将是大势所趋。接着他马上搜索，看那些上市公司的业务与电子发票相关。发现东港股份是电子发票行业的龙头企业，而股价却在14元上下徘徊。陈杰和团队讨论后，决定重仓买进东港股份，并长期持有。之后的走势证明，14元一线正是这只股票的底部，2014年底上涨到20元一线，2015年6月12日创下了53.33元的新高，7月份股灾发生时，这只股票融资盘大，一路杀跌到17.50元。随后即使大盘在2016年1月27日下跌到2638点的2年内新低，东港股份也没有跌破27元，而是长期盘整在30元上方。这意味着陈杰在不到2年的时间内收益2倍到4倍之间。

看到信息，展开思考，采取行动，陈杰在信息里挖金矿的动作，可谓干净利索，展现了专业投资人的风范。

美国前总统卡特说："信息就像我们呼吸的空气一样，是一种资源。精确的信息，如同我们身体所需要的空气。"聪明人在投资理财时，都善于从信息里玩金矿，分析信息背后的商机，并立即采取行动，把商机转化为实实在在的财富。

以下列举一些信息里挖金矿的例子，相信能启发读者，领悟到信息致富思维的奥妙。

1. 人口数字里也有"大市场"

第二次世界大战后，受到日本战败的影响，尼西奇公司濒临破产。身为仅有30人小公司董事长的多川博，从一份人口普查资料中获悉，当时日本每年新出生婴儿250万人。据此推断，每个婴儿每年用两条尿布，一年就需500万条。于是尼西奇公司转行生产尿布，结果年销售达70亿日元。几年后，尼西奇尿布称霸国际市场，占世界尿布销量的1/3。尿布闯出了大市场。

2015年中国逐步放开二胎政策，这样的人口数据变化，也提供了大量的商机。例如一些出版商决定全力推出儿童读物，而一些玩具厂商也开始动脑筋开发新一代智能型玩具。作为普通的投资者，你没法直接投身于实业，但是你可以研究有哪些上司公司的业务与二胎政策相关，然后择机买入这些公司的股票，可以赚取一波稳定的利润。

2. 从政策文件信息中看出玄机

某公司从公安部发出的通知文件中了解到，从1993年7月1日起，上路行驶的小型客车的驾驶员和前排座人员都要使用安全带，否则不予发牌和行驶。此家公司立即组织汽车安全带生产和销售，由于捷足先登，很快就占领了市场，打出了品牌，获得了较好的经济效益。

3. 外交活动也出经济效益

1992年秋季，韩国总理李相玉访华，受到了钱其琛外长的特别规格的接待。江苏悦达集团总经理胡友林读到这则消息后，意识到中韩可能建交，进而推测韩国商人会来华投资。于是他把目标瞄准仅与汉城一水之隔的胶东半岛，并连夜与山东方面联系房地产投资。经过协商，第二天，终于达成了购置 570 亩（1 亩≈666.67 平方米）土地房地产交易协议。数日后，中韩双方建交，此处房地产价格由此翻了一倍。

4. 杂志封面的"狗床猫窝"也能创汇

南方某藤器制品厂厂长朱某无意中从一本外国杂志上看到一幅广告照片，画面是四方形的编制篮里铺着垫单和被子，一只狗在里面睡觉。在一般人看来，这只是"趣闻"而已。而朱厂长却用"市场眼光"阅读信息，并结合自己的厂情作了深入调查。之后，他组织人员设计和编制了狗床猫窝。一个外商看了该厂生产的狗床猫窝，赞不绝口。后来，狗床猫窝出口到美国，创造出了巨大的经济效益。出口狗床猫窝赚大钱，得益于朱厂长在处理信息上的高人之处：透过表面挖掘内涵，想人所未想，见人所未见，从看是"趣闻"的信息里开拓出一片"冷门市场"。

5. 天气预报里也能"觅"出经济效益

从"天气预报"中能听出效益，这不是奇闻，而是金城哈尔滨公司和金城百货大楼的亲身经历。

哈尔滨公司派团到俄罗斯与一家公司洽谈业务。洽谈期间，他们从当地气象台的天气预报中得知，俄罗斯某地区近期有历史上罕见的寒流，他们灵机一动，马上组织了一大批羽绒服出口该地区，很快被当地居民抢购一空。

有一年，哈尔滨要召开一个商品洽谈会。会议临开的前一天，金城百货大楼的有关人员从天气预报中获知开会这天有中雨，而参加洽谈会的中外来宾有 3 000 余人，开幕剪彩仪式要到外边广场进行，他们眉头一皱，赶在雨前组织人员运去各种雨具，很快在现场销售一空。事后，他们风趣地说："我们这是从天气预报中听出来的效益"。

6. 军事叛乱也能生出财机

1973 年，扎伊尔发生了军事叛乱。军事政变没有成功，叛军向赞比亚的铜矿区方向移动。一般情况下，人们都把此事当成一条政治新闻听听而已。

日本三菱公司的研究人员却把它当成经济情报来对待。他们推测叛军会切断交通线。赞比亚的铜产量在世界市场上占有重要的地位，交通一旦被切断，势必影响国际市场上铜的价格。当时英国伦敦五金交易所铜价每吨860英镑，于是三菱公司大量购进铜。事情没有出乎他们所料，叛军果然切断交通，国际市场铜价迅速上涨至每吨921英镑，日本三菱公司因此大赚一笔。

思维7：把时间当朋友

聪明人理财的最后一个思维是"把时间当朋友"，在我看来，这也是最神奇的一个思维。我想举三个例子，来让和读者朋友一起感受时间的伟大力量。

第一个例子：100元能做什么？

每个月给您100元，能用来做什么？下一次馆子？买一双皮鞋？100元就花得差不多了吧。您有没有想过，每月省下这100元，您也有可能成为百万富翁呢？

如果每个月定期将100元固定地投资于某个基金（即定期定额计划），那么，在基金年平均收益率达到15%的情况下，坚持35年后，您所对应获得的投资收益绝对额就将达到146.7718万元！（具体金额见表4-1）

表4-1 定期定额计划有助于投资者的财富增长

定期定额计划：每月投资100元　　　　　　　　　　　　　　　　单位：元

年均收益率	5年	10年	15年	20年	30年	35年
5%	6 801	15 529	26 730	41 105	83 232	113 619
8%	7 348	18 295	34 605	58 905	149 048	229 411
15%	8 857	27 522	66 851	149 724	692 328	1 467 718

第二个例子：晚七年出发，要追一辈子。

陈先生 20 岁起就每月定期定额投资 500 元买基金，假设平均年报酬率为 10%，他投资 7 年就不再扣款，然后让本金与获利一路成长，到了 60 岁要退休时，本利和已达 138 万元；王先生则 27 岁才开始投资，同样每月 500 元，10% 的年报酬率，他整整花了 33 年持续扣款，到 60 岁才累积到 139 万！（具体金额见表 4-2）相比之下，陈先生的日子过得要比王先生舒服多了。

表 4-2　两种投资起始时间不同的方案的总回报区别

〈假设 10% 年回报率，月复利〉

	陈先生	王先生
开始年龄（岁）	20	27
每月扣款（元）	500	500
扣款年限（年）	7	33
60 岁总回报（元）	1 381 597	1 393 577

第三个例子：1 元钱在一夜之间发生了什么变化？

若银行的存款利率为 10%，将今天的 1 元钱存入银行，一年以后会是 1.10 元。可见，经过一年的时间，这 1 元钱发生了 0.10 元的增值，也就是说今天的 1 元钱和一年后的 1.10 元钱等值。也就是说今天的 1 元钱不等于昨天的 1 元钱，也不等于明天的 1 元钱。

上面三个例子，分别道出了时间改变金钱价值的力量。这在金融学中，叫资金的时间价值。

资金的时间价值是资金在周转使用中产生的，在通常情况下，资金的时间价值相当于没有风险和没有通货膨胀的条件下的社会平均利润率。实际上，投资活动总是或多或少地存在风险，通货膨胀也是市场经济中客观存在的经济现象。因此，利率不仅包含时间价值，而且也包含风险价值和通货膨胀的因素。只有购买国库券等政府债券时几乎没有风险，如果通货膨胀率很低的话，可以用政府债券利率来表现时间价值。

时间价值＝政府债券利率－通货膨胀率

影响资金时间价值的因素主要包括以下几点。

（1）资金的使用时间。在单位时间的资金增值率一定的条件下，资金使用时间越长，则资金的时间价值就越大；使用时间越短，则资金的时间价值就越小。

（2）资金数量的大小。在其他条件不变的情况下，资金数量越大，资金的时间价值就越大；反之，资金的时间价值则越小。

（3）资金投入和回收的特点。在总投资一定的情况下，前期投入的资金越多，资金的负效益越大；反之，后期投入的资金越多，资金的负效益越小。而在资金回收额一定的情况下，离现在越近的时间回收的资金越多，资金的时间价值就越大；反之，离现在越远的时间回收的资金越多，资金的时间价值就越小。

（4）资金周转的速度。资金周转越快，在一定的时间内等量资金的时间价值越大；反之，资金的时间价值越小。

总之，资金的时间价值是客观存在的，投资经营的一项基本原则就是充分利用资金的时间价值并最大限度地获得其时间价值，这就要加速资金周转，早期回收资金，并不断进行高利润的投资活动；而任何积压资金或闲置资金不用，就是白白地损失资金的时间价值。

资金的时间价值还牵涉到终值与现值。那么，什么是终值与现值？

终值又称将来值，是现在一定量的现金在未来某一时点的价值，俗称本利和。比如存入银行一笔现金100元，年利率为复利10%，经过3年后一次性取出本利和133.10元，这3年后的本利和133.10元即为终值。

现金值又称本金，是指未来某一时点上的一定量现金折合为现在的价值。上述三年后的133.10元折合为现在的价值为100元，这一百元即为现值。

我们把现金流值（PV）（现值）和终值（FV）之间的关系，用利率 K 和期数 t 来表示为：

$$FV=PV(1+K)^t$$

例如，今天的 100（FV），在通胀率为 4%（K）情况下，相当于 10 年（t）后的多少钱呢？经计算，$100(1+4\%)^{10}=148$，因此，答案是 148 元左右，也就是说 10 年后的 148 元才相当于今天的 100 元。

资金的时间价值，在投资理财实践中，具有关键性的意义。

在第一个例子中，由于资金的时间价值以及复利的作用，投资金额的累积效应非常明显。每月的一笔小额投资，积少成多，小钱也能变大钱。很少有人能够意识到，习惯的影响力竟如此之大，一个好的习惯，可能带给您意想不到的惊喜，甚至会改变您的一生。

第二个例子说明了两个道理。第一是投资越早开始越有利，陈先生比王先生早七年开始投资，王先生却要追赶一辈子。第二是投资一旦开始，就千万别停下来。时间越长，投资的效益就会越显著。假设那位陈先生没有在 27 岁停止投资，而是继续坚持每月投资 500 元，那么，到了 60 岁，累积的财富将是 277 万，几乎是王先生的 2 倍！（具体金额见表 4-3）

表 4-3 假如陈先生没有停止扣款，持续投资 33 年的投资方案的总回报

	陈先生	王先生
开始年龄（岁）	20	27
每月扣款（元）	500	500
扣款年限（年）	40	33
60 岁总回报（元）	2 775 174	1 393 577

时间是世界上最大的魔法师，它对投资结果的改变是惊人的。让我们一起来品味巴菲特 1994 年 10 月 10 日，在内布拉斯加大学的演讲中说过的一句话："复利有点像从山上往下滚雪球。最开始时雪球很小，但是往下滚的时间足够长，而且雪球黏得适当紧，最后雪球会很大很大。"从巴菲

特第一次投资（1941年，时年11岁）到1994年，他的山坡有53年这么长，而到写作本书的2016年，他的山坡已经有75年这么长了！

我从巴菲特身上总结出了一段话：要想成为巨富，首先要有个好爸爸，他能教你在11岁之前学会买股票；其次要有个好妈妈，她能给你生个好身体，能活到100岁。虽然这是和朋友聊天时的调侃，但也的确是我的真心感悟。

Chapter 05
聪明人如何储蓄理财

储蓄是所有理财计划的基础，也是一个人自立的基础。它来源于计划和节俭，是一个人自立能力、理财能力的基本体现。连储蓄都做不到的人，说明他缺乏自我控制的能力，不可能指望他在财富管理方面获得成功。

储蓄的种类

储蓄存款是老百姓将暂时不用或结余的货币收入存入银行或其他金融机构的一种存款活动。

很多人都会说自己十分了解"储蓄"。我们小时候会把零花钱、压岁钱放到存钱罐，工作以后我们会把工资放到银行。但是，储蓄并不意味着是理财，懂赚钱、懂花钱、懂理财，这样的人才算得上"高财商"。善用储蓄，就是将储蓄作为一种投资手段，让你的手头更宽裕，生活质量更高。

尽管现在有多种多样的投资工具，但我国的现状是居民偏爱储蓄。有以下几种原因：一是没有建立完善的社会保障体制，个人缺少安全感，人们总是觉得真金白银放在银行里实在些；二是传统观念与生活习惯，大多数居民没有家庭理财的观念。不少家庭都认为工资或做生意的收入就是家庭收入的来源，多的钱就应该存银行。还有的家庭认为多的钱可以投资，但大都认为投资就是买房或做生意。

随着经济环境的变化，勤俭储蓄的传统单一理财方式已无法满足人们的需求，理财工具的范畴扩展迅速。配合人生规划、理财的功能已不限于保障安全无虑的生活，而是追求更高的物质和精神满足，是一种对自己人生、事业的规划，是一种生活态度。所以对于储蓄，也应该具有一个合理的计划和方法，才能确保自己的财富不会缩水。

储蓄存款的形式众多，主要分为以下几种。

1. 活期储蓄存款

活期储蓄存款是一种没有存取日期约束，随时可取、随时可存，也没有存取金额限制的一种储蓄。按其存取方式又可分为活期存折储蓄存款、活期支票储蓄存款、定活两便储蓄存款和通知储蓄存款等。

（1）活期存折储蓄存款。1元起存，由储蓄机构发给存折，凭存折存取，开户后可以随时存取的一种储蓄方式。

（2）活期支票储蓄存款。以个人信用为保证，通过活期支票可以在储蓄机构开到的支票账户中支取款项的一种活期储蓄，一般5000元起存，也是一种传统的活期储蓄方式。

（3）定活两便储蓄存款。定活两便是一种事先不约定存期，一次性存入，一次性支取的储蓄存款。由储蓄机构发给存单（折），一般50元起存，存单（折）分记名、不记名两种，存折须记名，记名式可挂失，不记名式不可挂失。计息方法统一按《储蓄管理条例》规定执行。

定活两便储蓄存款是银行最基本、常用的存款方式。客户可随时存取款，自由、灵活调动资金，是客户进行各项理财活动的基础。该种储蓄具有活期储蓄存款可随时支取的灵活性，又能享受到接近定期存款利率的优惠。

（4）通知储蓄存款。通知储蓄存款是一种存款人在存入款项时不约定存期,预先确定品种(现行分1天通知储蓄存款、7天通知储蓄存款两个品种),支取时需提前通知银行,约定支取日期及金额的储蓄存款方式。一般5万元起存,最低支取金额5万元,一次存入,可分一次或多次支取的储蓄存款。

2. 定期储蓄存款

定期储蓄存款是约定存期,一次或分次存入,一次或多次取出本金或利息的一种储蓄存款。定期储蓄存款存期越长利率越高。

我国各大银行的定期储蓄存款主要包括:整存整取定期储蓄存款、零存整取定期储蓄存款、存本取息定期储蓄存款、定活两便储蓄存款、通知存款、教育储蓄存款、通信存款。

3. 教育储蓄存款

教育储蓄是指个人按国家有关规定在指定银行开户、存入规定数额资金、用于教育目的的专项储蓄,是一种专门为学生支付非义务教育所需教育金的专项储蓄。教育储蓄采用实名制,开户时,储户要持本人(学生)户口簿或身份证,到银行以储户本人(学生)的姓名开立存款账户。到期支取时,储户需凭存折及有关证明一次支取本息。

其他储蓄种类还包括有奖储蓄、保值储蓄、邮政储蓄、代发工资储蓄和住房储蓄等。

储蓄的注意事项

在储蓄过程中,由于存款人的一些不当行为,有时会影响到自己的收益。为了防患于未然,要先理清以下事项。

1. 明确存款的用途

一般情况下,居民存款的目的无非是攒钱应付日常生活、购房、购物、子女上学、生老病死等预期开支。存款之前应首先确定存款的用途，以便"对症下药"，准确地选择存款期限和种类。

2. 选择储蓄的种类

日常生活的费用，需随存随取，可选择活期储蓄。对长期不动的存款，根据用途合理确定存期是理财的关键。因为，存期如果选择过长，万一有急需，办理提前支取会造成利息损失。如果过短，则利率低，难以达到保值、增值的目的。对于一时难以确定用款日期的存款，可以选择通知存款，该储种存入时不需约定存期，支取时提前1天或7天通知银行，称为1天和7天通知存款，其利率远高于活期存款。

3. 把握好储蓄的时机

利率相对较高的时候是存款的好时机，利率低的时候，则应多选择凭证式国债或中、短期存款的投资方式。对于记性不好，或去银行不方便的客户，还可以选择银行的预约转存业务，这样就不用记着什么时候该去银行，存款会按照约定自动转存。

4. 选择储蓄机构

如今银行多如米铺，选择到哪家银行存款非常重要。选择银行要从几个方面着手：一是从安全可靠的角度去选择，去那些具备信誉高、经营状况好等基本条件的银行存款，存款的安全才会有保障；二是从服务态度和硬件服务设施的角度去选择；三是从储蓄所功能的角度选择，如今许多储蓄所在向"金融超市"的方向发展，除办理正常业务外，还可以办理交纳话费、水费、煤气费及购买火车票、飞机票等业务，选择这样的储蓄所会为家庭生活带来便利。

夫妻双方对理财的认识和掌握的知识不同，会精打细算、擅长理财的一方，应作为和银行打交道的"内当家"；同时，许多银行也开设了个人理财服务项目，你还可以把钱交给银行的理财中心，让银行代理理财。

储蓄小窍门

对于普通家庭来说，储蓄依然是工薪家庭投资理财的主要方式，在参加储蓄时，若能科学安排，合理配置，可获取较高的利息收入。

1. 阶梯存款法

王女士的儿子快要上大学了，她打算近几年内准备一笔学费。王女士是一家公司的财务主管，每个月都会有不菲的奖金收入，为此她选择了阶梯储蓄法。目前她家里有10万元的闲置资金，她将1万元留作家庭备用支出，剩下的9万元分成3份，用3万元开设一个1年到期的存单，用3万元开设一个2年到期的存单，再用剩下的3万元开设一个3年到期的存单。1年后，将到期的3万元再存3年期，2年期到期的也转存到3年期，以此类推。这样，每年都会有一张存单到期，且利息比起一般的存款要高。

如果希望得到更高利息，可以采取阶梯存款法。阶梯存款法可以总结如下：假如你持有3万元资金，可分别用1万元开设1年期至3年期的定期储蓄存单各1份。1年后，可用到期的1万元，再开设1张3年期的存单，以此类推。3年后持有的存单则全部为3年期的资金，只是到期的年限不同，依次相差1年。此种储蓄方式可使年度储蓄到期额保持等量平衡，既能应对储蓄利率的调整，又可获取3年期存款的较高利息，能给投资者带来稳定的收入，适用于工薪家庭为子女积累教育基金与未来婚嫁金等情况。

2. 十二存单法

同在一个广告公司上班，拿着同样的薪水，小赵和小李对储蓄态度大不相同。小赵每次发完工资，就不管不问；而小李很有理财经验："我上班3年了，从第一个月就坚持'十二存单法'存钱，每月存2 000元，1年存24 000元,目前取得了3 000多元的利息收益,而如果把工资放在工资卡里不管,3年利息也就1 000元。"

很多"上班族"只管从工资卡中取钱,剩余的钱就让它在工资卡中躺着,基本不加以处理,这无形中就会造成一笔很大的损失。但如果能利用好十二存单法,就可以在不影响资金使用的情况下,将资金收益最大化。

十二存单法又称"月月储蓄法",即每月存入一定的钱款,所有存单年限相同,但到期日期就差1个月。这种方法是阶梯储蓄法的延伸和拓展,不仅能很好地储蓄资金,又能很好地发挥储蓄的灵活性,即使急需用钱,也不会有太大的损失。

当然如果你有更好的耐性的话,还可以尝试"24存单法""36存单法",原理与"十二存单法"完全相同,不过每张存单的周期变成了2(或3)年。当然这样做的好处是,你能得到每张存单2(或3)年定期的存款利率,可以获得较多的利息,但也可能在没完成一个存款周期时出现资金周转困难,这需要根据自己的资金状况调整。

3. 利滚利储蓄法

利滚利储蓄法是零存整取与存本取息两种方法的完美结合。具体操作方法是,如果你有一笔5万元的存款,可以考虑把这5万元用存本取息的方法存入,在1个月后取出存本取息中的利息,把这1个月的利息再开一个零存整取的账户,以后每月把存本取息账户中的利息取出并存入零存整取的账户。这样做的好处是能获得两次利息,即存本取息的利息在零存整取中又获得利息。

这种存钱方法有一个缺点,就是要经常去银行排队。不过,看在能够取得高额利息的份上,多跑几次也是值得的。

4. 巧用通知存款

通知存款是一种不约定存期、支取时需提前通知银行、约定支取日期和金额方能支取的存款。

个人通知存款不论实际存期多长，按存款人提前通知的期限长短划分为 1 天通知存款和 7 天通知存款两个品种。1 天通知存款必须提前 1 天通知约定支取存款，7 天通知存款则必须提前 7 天通知约定支取存款。

比如，对于炒股来说，有时候担心行情不好，需要把股市中的钱暂时取出来，但这部分钱取出来存银行活期，利率又太低，这时可以选择办理一个 7 天通知存款。股市行情不好的时候，就可以转到银行的通知存款账户上，这样得到的利息比活期储蓄高得多。

银行通知存款不需要事先约定存期，但支取时需要提前通知银行。1 天通知存款的利率是 0.81%，7 天通知存款的利率为 1.35%，两者都大大高于活期储蓄的利率 0.36%。以 7 天通知存款的利率计算，会高出活期储蓄 7 天的利息近 4 倍。

5. 四分存储法

如果持有 1 万元，可分存 4 张定期存单，以适应急需时不同的数额。即可以将 1 万元分为 1 000 元、2 000 元、3 000 元、4 000 元 4 张 1 年期定期存单。此种存法，假如 1 年内需要动用 2 000 元，就只需支取 2 000 元的存单，避免了需要小数额动用"大存单"的弊端，以减少不必要的利息损失。

存款利息的计算方法

1. 储蓄存款利息计算的基本公式

利息是储户在银行存储一定时期和一定数额的存款后，银行按国家规定的利率支付给储户超过本金的那部分资金。利息计算的基本公式：

利息 ＝ 本金 × 存期 × 利率

2. 计息的基本规定

（1）存款的计息起点为元，元以下角、分不计利息。

（2）利息金额算至厘位，计至分位，分位以下四舍五入。分段计算利息时，各段利息应先保留到厘位（厘位以下不再保留），各段相加得出的利息总额计至分位，再将分位以下的厘位四舍五入。利息金额算至分位，分以下尾数四舍五入。

（3）除活期储蓄在年度结息时并入本金外，各种储蓄存款不论存期多长，一律不计复息。

（4）逾期支取的定期储蓄存款超过原定存期的部分，除约定自动转存外，按支取日挂牌公告的活期储蓄存款利率计付利息。

（5）定期储蓄存款在存期内如遇利率调整，仍按存单开户日挂牌公告的相应的定期储蓄存款利率计算利息。

（6）活期储蓄存款在存入期间遇有利率调整，按结息日挂牌公告的活期储蓄存款利率计算利息。

（7）存期的计算：在本金、利率确定的前提下，要计算利息需要知道确切的存期。计算存期遵循一个"算头不算尾"的规定。

从存款当日起息，算至取款的前1天为止。即存入日应计息，取款日不计息。每月按30天计算；不论大月、小月、平月、闰月，每月均按30天计算存期。到期日如遇节假日，储蓄所不营业的，可以在节假日前1日支取，按到期计息，手续按提前支取处理。

但在现实生活中，储户的实际存期很多不是整年整月的，一般都带有零头天数，这里介绍一种简便易行的方法，可以迅速准确地算出存期，即采用以支取日的年、月、日分别减去存入日的年、月、日，其差数为实存天数。例如：支取日2008年6月20日－存入日：2005年3月11日＝3年零3个月9天。按储蓄计息对于存期天数的规定，换算天数为：

3×360（天）$+3 \times 30$（天）$+9$

如果发生日不够减时，可以支取"月"减去"1"化为30天加在支取日上，再各自相减，其余以此类推。这种方法既适合用于存款时间都是当年的，也适用于存取时间跨年度的，很有实用价值。

3. 零存整取定期储蓄存款的利息计算方法

零存整取定期储蓄计息方法一般为"月积数计息"法。

其公式为：

利息 = 月存金额 × 累计月积数 × 月利率

其中：

累计月积数 =（存入次数+1）÷ 2 × 存入次数

据此推算1年期的累计月积数为（12+1）÷ 2 × 12=78，以此类推，3年期、5年期的累计月积数分别为666和1830。

4. 整存零取储蓄存款的利息计算方法

整存零取和零存整取储蓄相反，储蓄余额由大到小反方向排列，利息的计算方法和零存整取相同，其计息公式为：

每次支取本金 = 本金 ÷ 约定支取次数

到期应付利息 =（全部本金 + 每次支取金额）÷ 2 × 支取本金次数 × 每次支取间隔期 × 月利率

5. 存本取息储蓄存款的利息计算方法

存本取息定期储蓄每次支取利息金额，按所存本金、存期和规定利率先算出应付利息总数后，再根据储户约定支取利息的次数，计算出平均每次支付利息的金额。逾期支取、提前支取利息计算与整存整取相同，若提前支取，应扣除已分次付给储户的利息，不足时应从本金中扣回。计息公式：

每次支取利息数 =（本金 × 存期 × 利率）÷ 支取利息次数

6. 定活两便储蓄存款的利息计算方法

定活两便储蓄存款存期在 3 个月以内的按活期计算；存期在 3 个月以上的，按同档次整存整取定期存款利率的六折计算；存期在 1 年以上（含 1 年），无论存期多长，整个存期一律按支取日定期整存整取 1 年期存款利率打六折计息。其公式：

利息 = 本金 × 存期 × 利率 × 60%

7. 个人通知存款的利息计算方法

个人通知存款是一次存入，一次或分次支取。1 天通知存款需提前 1 天通知，按支取日 1 天通知存款的利率计息，7 天通知存款需提前 7 天通知，按支取日 7 天通知存款的利率计息，不按规定提前通知而要求支取存款的，则按活期利率计息，利随本清。基本计算公式：

应付利息 = 本金 × 存期 × 相应利率

避免存款本金损失的技巧

存款本金的损失，主要是在通货膨胀严重的情况下，如存款利率低于通货膨胀率，就会出现负利率，存款的实际收益≤0，此时若无保值贴补，存款的本金就会发生损失。储户可根据自己的实际情况、分别采用不同措施，以减轻损失。

1. 没有特殊情况，不要轻易取出定期存款

如无特殊需要或有把握的高收益投资机会，不要轻易将已存入银行一段时间（尤其是存期过半）的定期存款随意取出。因为，即使在物价上涨较快、银行存款利率低于物价上涨率而出现负利率时，银行存款还是按票面利率计算利息的。如果不存银行，又不买国债或进行别的投资，而将现金放在

家里,那么连名义利息(银行支付的存款利息)都没有,损失将会更大。

2. 遇到比定期存款收益更高的投资机会时,可以权衡出手

若存入定期存款一段时间后,遇到比定期存款收益更高的投资机会,如国债或其他债券的发行等,此时,储户可将继续持有定期存款与取出存款改作其他投资两者之间的实际收益作一番计算比较,从中选取总体收益较高的投资方式。

例如:1995年3年期凭证式国债发行时,因该国债的利率为14%,高于当时5年期银行存款的利率,于是,有部分投资者便取出原已存入银行的3年期或5年期的定期存款,去购买1995年3年期的国债。对于那些存期不足半年的储户来说,这样做的结果是收益大于损失。但对于那些定期存单即将到期的储户来说,用提前支取的存款来购买国债,损失将大于收益。因为尽管3年期和5年期的定期存款的利率低于3年期国债,但到1996年7月份为止,保值贴补率仍保持在5%以上,定期存款的利率与保值贴补率两者相加,其收益率仍远远高于1996年3年期国债14%的收益率。因此,对于那些手中的定期存单即将到期(或存期已满1年)的储户来说,不经过仔细计算,就盲目地提前取出定期存款,改作其他投资,实际结果往往得不偿失。

3. 对于已到期的定期存款理性选择更合适的投资方式

对于已到期的定期存款,应根据利率水平及利率走势、存款的利息收益率与其他投资方式收益率的比较,以及储蓄存款与其他投资方式在安全、便利、灵活性等各方面情况进行综合比较,结合每个人的实际情况(如工作性质、灵活掌握投资时间的程度、对风险的承受能力等)进行重新选择。

4. 利率高时,选择定期存储仍是不错的选择

在利率水平较高,或当期利率水平可能高于未来利率水平,即利率水平可能下调的情况下,那些不具备灵活投资时间(如每天早出晚归的上班族)

的人来说，继续转存定期储蓄是较为理想的。因为，在利率水平较高或利率可能下调的情况下，存入较长期限的定期存款意味着可获得较高的利息收入，因为利息收入是按存入日的利率计算的，在利率调低前存入的定期存款，在整个存期内都是按原存入日的利率水平计付利息的，所以可获得较高的利息收入。

在利率水平较高，或利率有可能调低的情况下，金融市场上有价证券（如股票、国债、企业债券）往往处于价格较低、收益率相对较高的水平，如果利率下调，将会进一步推动股票、债券价格的上升。因此，在利率可能下调的条件下，那些具有一定投资经验，并能灵活掌握投资时间的投资者，亦可将已到期的存款取出，有选择地购买一些债券和股票，待利率下调，债券和股票价格上升后再抛出，可获得更高的投资收益。当然，利率下调并不意味着所有有价证券都会同步同幅的上升，有些证券会升幅较大，有些证券会升幅较小，甚至可能不升。投资者应认真分析选择。

5. 对某些群体，定期存储是明智的选择

在市场利率水平较低或利率有可能调高的情况下，对于已到期的存款，或可选择其他收益率较高（如国债）的方式进行投资，或可选择期限较短的储蓄品种继续转存（不同期限转存，如3年定期存款期满后改存半年定期存款，需要到储蓄机构办理手续），以等待更好的投资机会，或等存款利率上调后，再将到期的短期定期存款，改存期限较长的储蓄品种。

对于那些收入不高，对利率的变化及走势不了解或信息迟缓、对风险的承受能力又很低的部分离退休老人来说，选择较长期限的定期储蓄存款，是较为理想和明智的。因为，3年期或5年期的定期储蓄存款不仅安全性好，且存取方便，绝大部分储蓄机构还为到期的定期存款提供自动转期服务，储户不会因到期忘记提取或转存而影响利息收入。

总之，只要储户根据利率的水平及变动趋势的分析判断，并结合本人的实际情况，较好地选择投资方式与储蓄品种，就能够在一定程度上规避利率波动的风险，争取获取较高的收益。

外币储蓄怎样划算

外币存款是指以外国货币表示的各种银行存款，主要有外币的活期存款、储蓄存款和定期存款等形式。外币储蓄是外汇价值的主要表现形式。银行通过运用外汇存款可以带来丰厚的利润。外币存款支取时可以支取现钞，也可以兑换成人民币支取。

由于近几年来外币存款利率经过多次上调，尤其是美元、英镑等的存款利率较大幅度上调后进一步拉大了与国内人民币存款利率的差距，因此，一些敏感的居民纷纷涌进各银行外币业务柜台转（换）存外币，从而掀起了一股外币存款高潮。

居民在存储外币时应采取怎样的策略呢？分为几个方面呢？

1. 在存储品种方面

在存储品种上，应考虑货币汇率稳定、存款利率又高的外币，这样可使所选的外币既能获得较高的利息收入，又能在到期需要兑换成人民币或其他外币时避免汇兑收益的损失，以取得"双重效益"。

2. 在选择银行方面

在选择银行上，应首选利率浮动高和提供存兑"一条龙"服务的银行。这样的银行已经开通了为客户提供外币兑换、外汇买卖、找零业务、通知存款、自动续存等"一条龙"服务通道，这样，只要你持有任何一种外币，都可以通过其"一条龙"金融服务，为你办妥省心又称心的外币储蓄存款。

3. 在账户选择方面

外汇储蓄按其性质可分为现汇账户和现钞账户。进行外汇储蓄的投资者，可考虑现汇账户，既可方便换成外钞，也可自由地进出国门，省去一部分手续费。

4. 在存期选择方面

外币储蓄利率一般都会受到国际金融市场的影响，其稳定性非常差，利率变动也比较频繁。所以，外币储户在参加外币储蓄时，就需要根据自己的经验，判断存款时国内外金融形势以及利率水平的高低，选择外币存储的期限长短。

目前，个人外币储蓄存款起存期分为活期、1个月、3个月、6个月、1年、2年6个档次。一般来说，利率水平处于高点时应选择2年期的长期外汇储蓄，利率水平相对稳定时可选择1年期的中期储蓄，而利率水平异常波动或变化趋势不明显时，宜选择3个月期或者6个月期的短期储蓄以观望。

专家认为，外币存期选择应"短平快"。一般不要超过1年，以3~6个月的存期较合适，一旦利率上调时或之后不久，就可以到期转存、续存；存取方式应"追涨杀跌"。这是因为在一般情况下，当某外币存款利率拾级上升，将会经历一段相对稳定的时间；而当其震荡下降时，也将会有一段逐级盘下的下降过程。所以，当存入外币不久遇利率上升时，储户应立即办理转存。虽说已存时间利息按活期计算有损失，但以后获得的利息收入足可大大地高于损失。

当已存外币快到期而遇利率上升时，这时便可放心地稍等期满支取后再续存，既拿到原到期利息，又赶上了高利率起存机会；另外，存期内遇利率下调，并超过了预先设定的心理止损价位，而且其汇率也出现了震荡趋降的走势时，便不能心疼因提前支取所造成的利息损失，而应果断提前支取"杀跌"，并将其兑换成其他硬货币存储，以避免造成更大的利息损失。

5. 在币种兑换方面

在币种兑换上，应少兑少换。一是由于目前人民币在资本账户还不能自由兑换，当换存人民币的收益小于直接存外币时，不要轻易兑换，因为一旦将外币换成人民币，再换回外币是比较困难的，即所谓的"外币换本币容易，本币换外币难"。建议还是将有限的外汇存入银行为好。二是银行对外币与本币之间、外币与外币之间的兑换要收取一定的兑换费用，并且银行在兑换时是按"现钞买入价"收进，而不是按"外汇卖出价"兑换，前价要低于后价许多，储户将因此有一定的损失。有时候汇兑的损失甚至会超过利息的差额收入，所以应尽量减少兑换次数，一定要仔细算账，三思而行。

6. 在保值方面

在保值上，应慎用外币保值。将人民币通过黑市兑换成外币存入银行以保值的做法，实在是一种得不偿失的行为，尤其是许多的外币并没有人民币的利率、汇率那般坚挺，不如存人民币合算；而且黑市上的外汇价格不但高，还有很严重的假币风险。一些人并不了解国家的外汇政策，用高出外汇牌价很多的价格购买外汇，往往付出了高昂的代价。这种私下交易过程一旦出现纠纷，是得不到国家法律保护的。

巧用信用卡

很多人觉得信用卡在自己的日常生活中很有用。一卡在手，就不用为买东西而身揣大量现金出门了。如果要在餐馆请一群客人吃饭，也用不着事先算计要取出多少钱。买机票时，只需打一个电话，报上信用卡号，就省得自己跑到售票处去了。当去国外旅行时，不再需要操心该换多少外汇，因为多数付款都可以通过信用卡完成。此外，很多网站都允许使用信用卡在线订购各种产品和服务。

简单一句话：信用卡为你省了许多时间，减少了许多麻烦。此外，信用卡还可能为你带来其他一些好处，比如旅行时的优待服务和买东西时的折扣。

人们经常说，爱信用卡，是因为它使用方便，并提供增值服务；恨信用卡，是因为它的不可控性常常带来恶性负债，使自己每月都要支付高额的利息。如果你在日常使用信用卡时，只是把信用卡单纯的当成刷卡和投资消费工具的话，那么，真的就是太"委屈"它们了。信用卡的使用，重在一个"巧"字。巧用信用卡，将其变成个人理财的工具之一，不仅可以享受诸多的便捷，还可以帮忙省钱以及享受银行为持卡人提供的增值服务。巧用信用卡，学会用明天的钱改善今天的生活。

巧用信用卡，不妨尝试从以下几个方面开始。

1.多刷卡可以免年费

信用卡每年所收取的150元或300元的年费常常令办卡人觉得是一笔过高的额外开销。然而，在目前国内的信用卡市场，各大银行都推出1年中刷卡若干次，即可免当年年费的优惠政策。这样，在国内，信用卡的拥有和使用实际上基本是免费的。

2.学会计算和使用免息期

使用信用卡一般都可以享受50~60天的免息期（各银行有所不同），这也正是信用卡最吸引人的地方。免息期是指贷款日（也就是银行记账日）至到期还款日之间的时间。因为持卡人刷卡消费的时间有先后顺序，因此享受的免息期也是有长有短的，而50~60天的免息期，则是指最长免息时间。举个简单的例子，比如一张信用卡的银行记账日是每月的20日，到期还款日是每月的15日。那么，如果你在本月20日刷卡消费，到下月15日还款，就是享有了 25 天的免息期；但如果你是本月 21 日刷卡消费，那么可以在再下一个月的 15 日还款，也就是享受了 55 天的免息期。而在这 55 天的时间里，你就在享受着无息贷款。

3. 尽情享受信用卡的增值服务

目前国内的信用卡还处于推广期，各大银行纷纷出奇招来招揽信用卡用户。对于银行的各类促销手段，持卡人可以善加利用，尽情享受。银行的信用卡促销活动是没有单独通知的，都是随每月的对账单一起寄到持卡人手中。收到对账单的信件后，不要急于丢掉，花几分钟的时间仔细阅读相关内容。也可以登录自己所持有的信用卡的银行网站，更全面地了解自己所持的信用卡可以在哪些商户享受特殊优惠。

总体说来，目前的信用卡促销手段包括积分换礼、协约商家享受特殊折扣、刷卡抽奖、连续刷卡送大礼、商家联名卡特殊优惠等等。应该说，使用信用卡比用现金更经济、更优惠，持卡消费 1 元绝对比用现金消费 1 元得到的价值多。

4. 信用卡是商旅好帮手

经常出差或是喜欢出去旅游的人，会对信用卡更为钟爱。习惯用信用卡通过各大旅行网来订机票，手续简便而且可以享受免息的优惠。更多地避免了携带大量现金出行的麻烦。此外，信用卡在异地刷卡使用是免手续费的。

5. 用信用卡理财

我们熟悉用信用卡来消费，但并不知道信用卡其实也可以用来投资理财。近年基金大热，却也有很多人苦于缺少资金不知从何入手。信用卡持卡人其实也可以通过信用卡定期定额购买基金，享受到先投资后付款及红利积点的优惠。在基金扣款日刷卡买基金，在结账日缴款，不仅可以赚取利息，还可以以零付出赚得报酬。但是，必须说明的是，这种借钱投资的风险性也是非常大的，而且不适合用来做长线投资。

6. 用卡行为一定要有所自律

拖欠信用卡费用的利息是很高的，所以，对自己的用卡行为有所自律非常重要。

有的人试图从这种无息贷款期中多捞些好处，他们的主意是：办几张不同银行的卡，然后在一张卡的会计月度开始时付清上一张卡的欠费，这样一直滚动下去，就等于能无限期地占用一笔无息贷款了。这主意听起来不错，但实际操作起来会很难，并且偏离了使用信用卡的本来宗旨——获得付款便利。对多数人来说这无异于浪费时间——而且如果为了申请多张信用卡而做虚假声明，也是有违法律的。

如果你收入可观，可能不会太在意如何在使用信用卡时节省费用，但了解一下还是有用的。要想避免因过度刷卡而债务缠身，以下是几点重要的注意事项。

（1）尽管你可以用信用卡取现，但手续费一般相当高（可高达取款金额的3%）。如果你需要用现金，还是以普通的方式从银行取款吧。

（2）理想的状况是，你每次都能在收到月度账单后尽快地付清贷款。

（3）如果你偶尔不能付清贷款，要记住你会被课以高额利息。

（4）每月账单上标的最低付款额一定要付掉，不然的话，你会被课以很高的拖欠付款费，这笔费用会直接从你的信贷额度中扣除。

（5）如果你在信贷额度已经用光的情况下继续刷卡购物，就不再拥有宽限期，而是必须把利息结清。

7. 保证信用卡的安全

信用卡犯罪正不断地增多，所以你必须像保管现金一样小心地保管你的信用卡。你一定要检查每月的账单，把账单上面的消费项目和你手中的消费小票加以核对，以确保被划走的金额确实是你自己消费的。

多数发卡公司都提供信用卡失窃或损失保险，但有时需要你额外付些费用。发现可疑的付款或卡片丢失时要立刻挂失，这样发卡公司会冻结你的卡，然后再发给你替换的新卡。

以下是保证你的信用卡安全的基本做法：①努力记住密码，不要把它写下来；②收到信用卡后尽快签上字；③把信用卡号和紧急求助电话的号码记在一个安全的地方，这样卡一旦被盗就可以立刻挂失；④永远不要告诉任何人你的密码，就连发卡公司和公安机关的人也不要告诉；⑤不要让别人拿到你的卡；⑥保留所有的销售小票和ATM机提款收据；⑦出现损失时立刻报告——多数诈骗都是在卡主报告之前的那段时间完成的；⑧如果需要扔掉对账单或收据，记得把它们撕碎或烧掉，以免别人看到上面的具体信息；⑨如果你知道发卡公司会通过邮局给你寄卡来，却一直没有收到，就要和发卡公司联系。

Chapter 06
聪明人如何投资债券

债券是一种有价证券,是社会各类经济主体如政府、企业等为筹措资金而向债券购买者出具的,承诺按一定利率定期支付利息并到期偿还本金的债权债务凭证,是一种重要的信用工具。其基本要素有票面价值、价格、偿还期限和利率。

债券是一种常见的理财品种,由国家发行的叫国债,由地方政府发行的叫政府债,由金融机构发行的叫金融债,由企业发行的叫企业债。严格地讲,国债也是一种政府债,金融债也是一种企业债。由于对发行方的信用有极高的要求,因此债券的风险较低,其利率通常比定期存款利率高。

债券的种类

债券的种类繁多,且随着人们对融资和证券投资的需要又不断创造出新的债券形式,在现今的金融市场上,债券的种类可按发行主体、发行区域、期限长短、利息支付方式、发行方式、有无抵押担保、是否记名、发行时间和是否可转换等分为九大类。

1. 按发行主体分类

根据发行主体的不同，债券可分为政府债券、金融债券和公司债券三大类。

第一类是由政府发行的债券称为政府债券，它的利息享受免税待遇，其中由中央政府发行的债券也称公债或国库券，其发行债券的目的是为了弥补财政赤字或投资于大型建设项目；而由各级地方政府机构如市、县、镇等发行的债券就称为地方政府债券，其发行目的主要是为地方建设筹集资金，因此都是一些期限较长的债券；在政府债券中还有一类称为政府保证债券，主要是为一些市政项目及公共设施的建设筹集资金而由一些与政府有直接关系的企业、公司或金融机构发行的债券，这些债券的发行均由政府担保，但不享受中央和地方政府债券的利息免税待遇。

第二类是由银行或其他金融机构发行的债券，称为金融债券。金融债券发行的目的一般是为了筹集长期资金，其利率也一般要高于同期银行存款利率，而且持券者需要资金时可以随时转让。

第三类是公司债券，它是由非金融性质的企业发行的债券，其发行目的是为了筹集长期建设资金。一般都有特定用途。按有关规定，企业要发行债券必须先参加信用评级，级别达到一定标准才可发行。因为企业的资信水平比不上金融机构和政府，所以公司债券的风险相对较大，因而其利率一般也较高。

2. 按发行区域分类

按发行的区域划分，债券可分为国内债券和国际债券。国内债券就是由本国的发行主体以本国货币为单位在国内金融市场上发行的债券；国际债券则是本国的发行主体到别国或国际金融组织等以外国货币为单位在国际金融市场上发行的债券。如最近几年我国的一些公司在日本或新加坡发行的债券都可称为国际债券。由于国际债券属于国家的对外负债，所以本国的企业如到国外发债事先需征得政府主管部门的同意。

3. 按期限长短分类

根据偿还期限的长短，债券可分为短期、中期和长期债券。一般的划分标准是期限在1年以下为短期债券，期限在10年以上的为长期债券，而期限在1～10年之间的为中期债券。

4. 按利息支付方式分类

根据利息的不同支付方式，债券一般分为附息债券、贴现债券和普通债券。附息债券是指在券面上附有各期息票的中长期债券，息票的持有者可按其标明的时间期限到指定的地点按标明的利息额领取利息。息票通常以6个月为一期，由于它在到期时可获取利息收入，息票也是一种有价证券，因此也可以流通、转让。贴现债券是在发行时按规定的折扣率将债券以低于面值的价格出售，在到期时持有者仍按面额领回本息，其票面价格与发行价之差即为利息；除此之外的就是普通债券，它按不低于面值的价格发行，持券者可按规定分期分批领取利息或到期后一次性领回本息。

5. 按发行方式分类

按照是否公开发行的方式，债券可分为公募债券和私募债券。公募债券是指按法定手续，经证券主管机构批准在市场上公开发行的债券，其发行对象是不限定的。由于发行对象是广大的投资者，因而要求发行主体必须遵守信息公开制度，向投资者提供多种财务报表和资料，以保护投资者利益，防止欺诈行为的发生。私募债券是发行者向与其有特定关系的少数投资者为募集对象而发行的债券。该债券的发行范围很小，其投资者大多数为银行或保险公司等金融机构，它不采用公开呈报制度，债券的转让也受到一定程度的限制，流动性较差，但其利率水平一般较公募债券要高。

6. 按有无抵押担保分类

根据其有无抵押担保，债券可以分为信用债券和担保债券。信用债券亦称无担保债券，是仅凭债券发行者的信用而发行的、没有抵押品作担保的债券。一般政府债券及金融债券都为信用债券。少数信用良好的公司也可发行信用债券，但在发行时须签订信托契约，对发行者的有关行为进行约束限制，由受托的信托投资公司监督执行，以保障投资者的利益。

担保债券是指以抵押财产为担保而发行的债券，具体包括：以土地、房屋、机器、设备等不动产为抵押担保品而发行的抵押公司债券、以公司的有价证券（股票和其他证券）为担保品而发行的抵押信托债券和由第三者担保偿付本息的承保债券。当债券的发行人在债券到期而不能履行还本付息义务时，债券持有者有权变卖抵押品来清偿抵付或要求担保人承担还本付息的义务。

7. 按是否记名分类

根据在券面上是否记名的不同情况，可以将债券分为记名债券和无记名债券。记名债券是指在券面上注明债权人姓名，同时在发行公司的账簿上作同样登记的债券。转让记名债券时，除要交付票券外，还要在债券上背书和在公司账簿上更换债权人姓名。而无记名债券是指券面未注明债权人姓名，也不在公司账簿上登记其姓名的债券。现在市面上流通的一般都是无记名债券。

8. 按发行时间分类

根据债券发行时间的先后，债券可以分为新发债券和既发债券。新发债券指的是新发行的债券，这种债券都规定有招募日期。既发债券指的是已经发行并交付给投资者的债券。新发债券一经交付便成为既发债券。在证券交易部门既发债券随时都可以购买，其购买价格就是当时的行市价格，且购买者还需支付手续费。

9. 按是否可转换分类

按是否可转换的方式，债券又分为可转换债券与不可转换债券。可转换债券是能按一定条件转换为其他金融工具的债券，而不可转换债券就是不能转化为其他金融工具的债券。可转换债券一般都是指的可转换公司债券，这种债券的持有者可按一定的条件根据自己的意愿将持有的债券转换成股票。

债券的性质和特征

债券是债务人为筹集资金而向债权人承诺按期交付利息和偿还本金的有价证券。它只是一种虚拟资本，其本质是一种债权债务证书。它具有以下四个基本特征。

1. 偿还性

在历史上只有无期公债或永久性公债不规定到期时间，这种公债的持有者不能要求清偿，只能按期取得利息。而其他的一切债券都对债券的偿还期限有严格的规定，且债务人必须如期向持有人支付利息。

2. 流动性

流动性是指债券能迅速和方便地变现为货币的能力。目前，几乎所有的证券营业部或银行部门都开设有债券买卖业务，且收取的各种费用都相应较低。如果债券的发行者即债务人资信程度较高，则债券的流动性就比较强。

3. 安全性

安全性是指债券在市场上能抵御价格下降的性能，一般是指其不跌破发行价的能力。债券在发行时都承诺到期偿还本息，所以其安全性一般都较高。有些债券虽然流动性不高，但其安全性较好，因为它们经过较长的一段时间后就可以收取现金或不受损失地出售。虽然如此，债券也有可能遭受不履行债务的风险及市场的风险。前一种风险是指债券的发行人不能充分和按时支付利息或偿付本金的风险，这种风险主要决定于发行者的资信程度。一般来说，政府的资信程度最高，其次为金融公司和企业。市场风险是指债券的市场价格随资本市场的利率上涨而下跌，因为债券的价格是与市场利率呈反方向变动的。当利率下跌时，债券的市场价格便上涨；而当利率上升时，债券的市场价格就下跌。而债券距离到期日越远，其价格受利率变动的影响就越大。

4. 收益性

债券的收益性是指获取债券利息的能力。因债券的风险比银行存款要大，所以债券的利率也比银行高，如果债券到期能按时偿付，购买债券就可以获得固定的、一般是高于同期银行存款利率的利息收入。

债券的偿还

债券是一种债权凭证，除永久性债券外，其他所有的债券到期必须偿还本金。按照偿还方式的不同，债券的偿还可分为期满偿还、期中偿还、延期偿还三种。按偿还时的金额比例又可分为全额偿还和部分偿还，而部分偿还还可按偿还时间分为定时偿还和随时偿还。而在期中偿还时还可以采用抽签偿还和买入注销偿还两种方式。

1. 期满偿还

期满偿还就是按发行所规定的还本时间在债券到期时一次性全部偿还债券本金。我国目前所发行的国库券、企业债券都采用的是这种偿还方式。

债券在期满时偿还本金是由债券的内在属性所决定的，是买方和卖方在一般情况下不言自明的约定，如果债券的发行人在发行债券时考虑到不一定能在债券到期时一次性偿还本金，就必须在发行时事先予以说明，且订好特殊的还本条款。

2. 期中偿还

期中偿还就是在债券到期之前部分或全部偿还本金的偿还方式。在采取期中偿还时，部分偿还就是经过一段时间后将发行额按一定比例偿还给投资者。一般是每半年或一年偿还一批，其目的是减轻债券发行人一次偿还的负担。部分偿还按时间划分又可分为定时偿还和随时偿还。定时偿还是在债券到期前分次在规定的日期按一定的比例偿还本金。定时偿还的偿还日期、方式、比例都是在债券发行时就已确定并在债券的发行条件中注明。随时偿还是一种由发行者任意决定偿还时间和金额的偿还方式。这种偿还方式完全凭发行者的意愿，有时会损害投资者的利益，在实际中并不常用。

全额偿还就是在债券到期之前一次偿还本金的偿还方式。采取这种偿还方式：一是发债者在发债后由于种种原因出现资金过剩，提前一次偿还债券就可避免不必要的利息负担。二是发债后由于市场利率下调，发债时的利率和现在相比过高，在这种情况下提前偿还旧债，重新发行利率较低的新债可以降低筹资成本。全额偿还往往对投资人不利，因为高利率的旧债偿还后，市场上往往没有高利率的债券，难以寻找新的投资机会。

3. 延期偿还

债券的延期偿还是在债券发行时就设置了延期偿还条款，赋予债券的投资者在债券到期后继续按原定利率持有债券直至一个指定日期或几个指定日期中一个日期的权利。这一条款对债券的发行人和购买者都有利，它在筹资人需要继续发债和投资人愿意继续购买债券时省去发行新债的麻烦，债券的持有人也可据此灵活地调整资产组合。

怎样计算债券收益

债券收益率是债券收益与其投入本金的比率,通常用年率表示。债券收益不同于债券利息。由于人们在债券持有期内,可以在市场进行买卖,因此,债券收益除利息收入外,还包括买卖盈亏差价。

投资债券,投资者最关心的就是债券收益有多少。为了精确衡量债券收益,一般使用债券收益率这个指标。决定债券收益率的主要因素,有债券的票面利率、期限、面额和购买价格。最基本的债券收益率计算公式为:

债券收益率 =(到期本息和 − 发行价格)÷(发行价格 × 偿还期限)× 100%

由于持有人可能在债券偿还期内转让债券,因此,债券收益率还可以分为债券出售者的收益率、债券购买者的收益率和债券持有期间的收益率。各自的计算公式为:

出售者收益率 =(卖出价格 − 发行价格 + 持有期间的利息)÷(发行价格 × 持有年限)× 100%

购买者收益率 =(到期本息和 − 买入价格)÷(买入价格 × 剩余期限)× 100%

持有期间收益率 =(卖出价格 − 买入价格 + 持有期间的利息)÷(买入价格 × 持有年限)× 100%

这样讲可能会很生硬,下面举一个简单的案例来作进一步的分析。

例如:林先生于 2001 年 1 月 1 日以 102 元的价格购买了一张面值为 100 元、利率为 10%、每年 1 月 1 日支付利息的 1997 年发行 5 年期国债,并打算持有到 2002 年 1 月 1 日到期,则:

购买者收益率 =(100+100 × 10%−102)÷(102 × 1)× 100%=7.8%

出售者收益率=（102−100+100×10%×4）÷（100×4）×100%=10.5%

又再如，林先生又于1996年1月1日以120元的价格购买面值为100元、利率为10%、每年1月1日支付利息的1995年发行的10年期国库券，并持有到2001年1月1日以140元的价格卖出，则：

持有期间收益率=（140−120+100×10%×5）÷（120×5）×100%=11.7%

以上计算公式并没有把获得利息以后，进行再投资的因素量化考虑在内。把所获利息的再投资收益计入债券收益，据此计算出的收益率即为复利收益率。

债券投资时机的选择

债券一旦上市流通，其价格就要受多重因素的影响，反复波动。对于投资者来说，就面临着投资时机的选择问题。

机会选择得当，就能提高投资收益率；反之，投资效果就会差一些。债券投资时机的选择原则有以下几种。

（1）在投资群体集中到来之前投资到社会和经济活动中，存在着一种从众行为，即某一个体的活动总是要趋同大多数人的行为，从而得到大多数人的认可。这反映在投资活动中就是资金往往总是比较集中地进入债市或流入某一品种。而一旦大量的资金进入市场，债券的价格就已经抬高了。所以，精明的投资者要抢先一步，在投资群体集中到来之前投资。

（2）追涨杀跌债券价格的运动都存在着惯性，即不论是涨或跌都将有一段持续时间，所以投资者可以顺势投资，即当整个债券市场行情即将启动时可买进债券，而当市场开始盘整将选择向下突破时，可卖出债券。追涨杀跌的关键是要能及早确认趋势，如果走势很明显已到回头边缘再作决策，就会适得其反。

（3）在银行利率调高后或调低前投资债券作为标准的利息商品，其市场价格极易受银行利率的影响。当银行利率上升时，大量资金就会纷纷流向储蓄存款，债券价格就会下降；反之亦然。因此，投资者为了获得较高的投资效益就应该密切注意投资环境中货币政策的变化，努力分析和发现利率变动信号，争取在银行即将调低利率前及时购入或在银行利率调高一段时间后买入债券，这样就能够获得更大的收益。

（4）在消费市场价格上涨后，投资物价因素影响着债券价格。当物价上涨时，人们发现货币购买力下降便会抛售债券，转而购买房地产、金银首饰等保值物品，从而引起债券价格的下跌。当物价上涨的趋势转缓后，债券价格的下跌也会停止。此时如果投资者能够有确切的信息或对市场前景有科学的预测，就可在人们纷纷折价抛售债券时投资购入，并耐心等待价格的回升，则投资收益将会非常可观。

（5）在新券上市时把握机会，债券市场的价格体系一般较为稳定，往往在某一债券新发行或上市后才出现一次波动，因为为了吸引投资者，新发行或新上市的债券的年收益率总比已上市的债券要略高一些，这样债券市场价格就要做一次调整。一般是新上市的债券价格逐渐上升，收益逐渐下降，而已上市的债券价格维持不动或下跌，收益率上升，债券市场价格达到新的平衡，而此时的市场价格比调整前的市场价格要高。因此，在债券新发行或新上市时购买，然后等待一段时期，在价格上升时再卖出，投资者将会有所收益。

债券投资的风险因素

2005年4月1日,王先生通过石家庄桥东区国债服务部购买了10 000元某种金融债券,债券承诺的年利率是12%,3年期限。可到2008年4月1日到期时,得到的却是一场空欢喜。由于该债券的兑付资金没有到位,本金和利息都没有拿到手。王先生和其他投资者不停地往桥东国债服务部跑,希望能拿回属于自己的钱,直到2008年7月,桥东国债服务部通知他可以拿回本金,但是,每位投资者在拿到本金时都要签一份借款合同。

合同上写明:"'由于金融债券'到期兑付资金迟迟未到,考虑到乙方(投资者)的实际困难,经双方协商,同意乙方向甲方(石家庄市桥东区国债服务部)借本金款……兑付资金到位后,扣除已借本金部分。"从这份"借款合同"上看,实际是王先生等投资者们拿回的本金是由桥东国债服务部垫付的。

不但没有拿到应得到的利息,连本金都成了"借"的……王先生的债券投资梦成了泡沫,"相关情况,我该去找哪个部门咨询?我投资的债券还能不能收回本息?"

投资者都知道,债券投资是一个较稳健及安全的投资工具,债券可以分散投资风险,因此成了稳健型投资人的投资选择之一。但任何投资都是有风险的,债券风险不仅存在于价格变化之中,也可能存在于信用之中。因此正确评估债券投资风险,明确未来可能遭受的损失,是投资者在投资决策之前必须做的工作。

1. 信用风险

信用风险,是指发行债券的借款人不能按时支付债券利息或偿还本金,而给债券投资者带来损失的风险。在所有债券之中，财政部发行的国债，由于有政府作担保，往往被市场认为是金边债券，所以没有信用风险。但除中央政府以外的地方政府和公司发行的债券则或多或少地有信用风险。因此，信用评级机构要对债券进行评价，以反映其违约风险。一般来说，如果市场认为一种债券的信用风险相对较高，那么就会要求债券的收益率要较高，从而弥补投资者可能承受的损失。

2. 利率风险

利率是影响债券价格的重要因素之一，当利率提高时，债券的价格就降低，此时便存在风险。债券剩余期限越长，利率风险越大。

3. 变现能力风险

变现能力风险，是指投资者在短期内无法以合理的价格卖掉债券的风险。如果投资者遇到一个更好的投资机会，想出售现有债券，但短期内找不到愿意出合理价格的买主，投资者就要把债券价格降到很低或者很长时间才能找到买主，那么，他不是遭受降低损失，就是丧失新的投资机会。

4. 公司的经营风险

在持券期内，若发债企业由于经营管理不善和债务状况等原因造成企业的声誉和资信程度下降也会影响二级市场债券的价格，从而给投资者造成损失。

5. 通货膨胀风险

通货膨胀风险，是指由于通货膨胀而使货币购买力下降的风险。通货膨胀期间，投资者实际利率应该是票面利率扣除通货膨胀率。若债券利率为10%，通货膨胀率为8%，则实际的收益率只有2%，购买力风险是债券投资中最常出现的一种风险。

债券投资风险的防范

债券投资的最大特点就是收益稳定、安全系数较高、又具有较强的流动性。稳健的投资者们往往放弃股票投资的高收益,摒弃银行储蓄的低利息,所图之处就在于此。因此,继收益性之后,安全性便成为债券投资者普遍关注的最重要问题。

债券作为债权债务关系的凭证,它与债权人和债务人同时相关。作为债务人的企业或公司与作为债权人的债券投资者就债权与债务关系是否稳定来说,债券起着相同的作用,任何一方都无法独立防范风险。企业或公司作为债券的发行者所采用的确保债券安全、维持企业或公司信誉的措施堪称预防措施,是防范风险的第一道防线。而对于投资者来说,正确选择债券、掌握好买卖时机将是风险防范的主要步骤。

1. 预防措施对债券的发行作出种种有利于投资者的规定是重要的一步

在发达国家如日本,法律规定公司债券发行额都有一定的限额,不能超过资本金与准备金的总和或纯资产额的两倍。

金融债的限额一般规定为发行额不能超过其资本金和准备金的5倍。债券发行一般是由认购公司承担发行,安全系数高的债券当然容易被认购,这对企业或公司本身也是一种约束。

同时企业或公司都有义务公开本公司财务、经营、管理等方面的状况,这种制度对企业或公司无疑起到监督和促进作用,对投资者是一种保护。

2. 选择多品种分散投资

这是降低债券投资风险的最简单办法。不同企业发行的不同债券,其风险性与收益性也各有差异,如果将全部资金都投在某一种债券上,万一该企业出现问题，投资就会遭受损失。因此有选择性地或随机购买不同企业的各种不同名称的债券，可以使风险与收益多次排列组合，能够最大限度地减少风险或分散风险。这种防范措施对中小户特别是散户投资者尤为重要。因为这类投资者没有可靠的信息来源，摸不准市场的脉搏，很难选择最佳投资对象，此时购买多种债券，犹如撒开大网，这样，任何债券的涨跌都有可能获益，除非发生导致整个债券市场下跌的系统性风险，一般情况下不会全亏。

采用这种投资策略必须注意以下问题。

一是不要购买过分冷门、流动性太差且难于出手的债券，以防资金的套牢。

二是不去盲目跟风，抱定不赚不卖的信心，最终才有好收益。

三是特别值得注意的是必须严密注视非经济性特殊因素的变化，如政治形势、军事动态、人们心理状态等，以防整个债券行市下跌，造成全线亏损。

此外，还要保持债券期限多样化。债券的期限本身就孕育着风险，期限越长，风险越大，而收益也相对较高；反之，债券期限短，风险小，收益也少。如果把全部投资都投在期限长的债券上，一旦发生风险，就会猝不及防，其损失难以避免。因此，在购买债券时，有必要多选择一些期限不同的债券，以防不测。

3. 注意做顺势投资

对于小额投资者来说，谈不上操纵市场，只能跟随市场价格走势做买卖交易，即当价格上涨、人们纷纷购买时买入；当价格下跌、人们纷纷抛出时抛出，这样可以获得大多数人所能够获得的平均市场收益。这种防范措施虽然简单，也能收到一定效益。

4. 以不变应万变

这也是防范风险的措施之一。在债券市场价格走势不明显、此起彼落时，在投资者买入卖出纷乱、价格走势不明显时，投资者无法做顺势投资选择，最好的做法便是以静制动，以不变应万变。因为在无法判断的情况下，做顺势投资，很容易盲目跟风，很可能买到停顿或回头的债券，结果疲于奔命，一无所获。此时以静制动，选择一些涨幅较小、尚未调整价位的债券买进并耐心持有，等待其价格上扬，是比较明智的做法。当然这要求投资者必须具备很深的修养和良好的投资知识与技巧。

5. 必须注意不健康的投资心理

要防范风险还必须注意一些不健康的投资心理，如盲目跟风往往容易上当，贪多往往容易错过有利的买卖时机；赌博心理、孤注一掷的结果往往会导致血本无归；嫌贵贪低、过分贪图便宜，容易持有一堆蚀本货，最终不得不抛弃而一无所获。

债券基金会不会赔钱

债券基金不一定稳赚。债券基金主要投资于国债、企业债和可转债。目前在交易所上市的国债、企业债、可转债的市场价格除受债券本身的债券票面利息、债券偿还期限的影响，还受利率、市场供需、投机因素的影响，在债券市场价格波动较大的时候，一旦出现投资的债券市场价格低于买入价时，债券基金的净值出现下跌，短期内投资债券基金就可能会出现赔钱。但在较长的时间段内，由于债券的票面利息是固定的，债券每年能取得稳定的债券付息，在债券付息积累到一定程度完全可以抵消债券二级市场价格波动的损失时，投资债券就不会赔钱。

一般来说，债券基金的证券组合主要以各类债券（甚至包括国际债券）为对象，但也不排除有一定数量（如 20% 以下）的非债券证券。债券型基金的资金主要投资于可流通的国债、地方债券和公司债券，所以债券型基金显现出低风险、低收益的特征。而由于股票基金主要投资上市股票，而股票的波动性远远大于债券，所以相对债券基金，股票基金表现出较大的风险性和收益性。而且债券投资管理不如股票投资管理复杂，因此债券基金的管理费也相对较低。

投资债券基金可获得稳定的债券利息收入。从长期来看，收益水平高于银行存款，同时，保持较低风险，比较适合谨慎但又希望有较高收益的投资者的需要，如退休人士。而且开放式基金可以随时通过基金管理公司、代销银行或券商的网点买卖，变现比较方便。

久期、到期收益率和收益率曲线

投资者在看债券类的分析文章，或者媒体提供的债券收益指标时，经常会发现几个专有名词：久期、到期收益率和收益率曲线。这些名词对于投资者选择债券来说都意味着什么呢？

1. 久期

久期在数值上和债券的剩余期限近似，但又有别于债券的剩余期限。在债券投资里，久期被用来衡量债券或者债券组合的利率风险，它对投资者有效把握投资节奏有很大的帮助。

一般来说，久期和债券的到期收益率成反比，和债券的剩余年限及票面利率成正比。但对于一个普通的附息债券，如果债券的票面利率和其当前的收益率相当的话，该债券的久期就等于其剩余年限。有一个特殊的情况是，当一个债券是贴现发行的无票面利率债券，那么该债券的剩余年限就是其久期。另外，债券的久期越大，利率的变化对该债券价格的影响也越大，因此风险也越大。在降息时，久期大的债券上升幅度较大；在升息时，久期大的债券下跌的幅度也较大。因此，投资者在预期未来升息时，可选择久期小的债券。

目前来看，在债券分析中久期已经超越了时间的概念，投资者更多地把它用来衡量债券价格变动对利率变化的敏感度，并且经过一定的修正，以使其能精确地量化利率变动给债券价格造成的影响。修正久期越大，债券价格对收益率的变动就越敏感，收益率上升所引起的债券价格下降幅度就越大，而收益率下降所引起的债券价格上升幅度也越大。可见，同等要素条件下，修正久期小的债券比修正久期大的债券抗利率上升风险能力强，但抗利率下降风险能力较弱。

2. 到期收益率

国债价格虽然没有股票那样波动剧烈，但它品种多、期限利率各不相同，常常让投资者眼花缭乱、无从下手。其实，新手投资国债仅仅靠一个到期收益率即可作出基本的判断。其公式为：

到期收益率 = ［固定利率 +（到期价 − 买进价）÷ 持有时间］÷ 买进价

一旦掌握了国债的收益率计算方法，就可以随时计算出不同国债的到期或持有期内收益率。准确计算你所关注国债的收益率，才能与当前的银行利率作比较，作出投资决策。

3. 收益率曲线

债券收益率曲线反映的是某一时点上，不同期限债券的到期收益率水平。利用收益率曲线可以为投资者的债券投资带来很大帮助。

债券收益率曲线通常表现为四种情况：

（1）正向收益率曲线。它意味着在某一时点上，债券的投资期限越长，收益率越高，也就是说社会经济正处于增长期（这是收益率曲线最为常见的形态）。

（2）反向收益率曲线。它表明在某一时点上，债券的投资期限越长，收益率越低，也就意味着社会经济进入衰退期。

（3）水平收益率曲线。它表明收益率的高低与投资期限的长短无关，也就意味着社会经济出现极不正常情况。

（4）波动收益率曲线。它表明债券收益率随投资期限不同，呈现出波浪变动，也就意味着社会经济未来有可能出现波动。

在一般情况下，债券收益率曲线通常是有一定角度的正向曲线，即长期利率的位置要高于短期利率。这是因为，由于期限短的债券流动性要好于期限长的债券，作为流动性较差的一种补偿，期限长的债券收益率也就要高于期限短的收益率。当然，当资金紧俏导致供需不平衡时，也可能出现短高长低的反向收益率曲线。

投资者还可以根据收益率曲线不同的预期变化趋势，采取相应的投资策略的管理方法。如果预期收益率曲线基本维持不变，而且目前收益率曲线是向上倾斜的，则可以买入期限较长的债券；如果预期收益率曲线变陡，则可以买入短期债券，卖出长期债券；如果预期收益率曲线变得较为平坦时，则可以买入长期债券，卖出短期债券。如果预期正确，上述投资策略可以为投资者降低风险，提高收益。

债券信用是怎样评级的

债券信用评级是指对债务发行人的特定债务或相关负债在有效期限内能及时偿付的能力和意愿的鉴定。其基本形式是人们专门设计的信用评级符号。证券市场参与者只需看到这些专用符号便可得知其真实含义，而无须另加复杂的解释或说明。

国际最著名、最具权威性的信用评级机构当属美国标准普尔公司和穆迪投资评级公司。这两家公司不仅对美国境内上万家公司和地方政府发行的各类债券、商业票据、银行汇票及优先股股票施行评级，还对美国境外资本市场发行的长期债券、外国债券、欧洲债券及各类短期融资券予以评级。所评出的信用等级历来被认为是权威、公正、客观的象征，在国际评级机构中享有盛誉。

所评债券分为长期和短期两种，一般以1年为区分两者的界限。对于某家公司所发债券的等级评定，通常可采用两种形式。

一是公司直接告知评级机构想要得到的级别，由评级机构对债券的发行量、期限等提出建议和意见，告诉公司采取诸如某些结构调整、成立子公司、把优良资产和部门单列出来等措施，即所谓的资产重组、并购，不良资产剥离，以保证达到所需的等级。

二是评级公司按照正常的程序，通过对发债公司的基本情况、产业结构、财务状况和偿债能力分析的了解，按实地调查分析结果，实事求是告知公司能够达到的级别。人们知道，债券信用级别与发行价格是直接相关的，级别越高，利率越低。风险意识重于盈利意识的人们一般不会为投资报酬较高而风险很大的低级别债券费神；反之，如某债券中途招致降级，发行人每年就将多支出一大笔利息，甚至还会影响投资者的信心。

信用评级过程一般包括：收集足够的信息来对发行人和所申报的债券进行评估，在充分的数据和科学的分析基础上评定出适当的等级，然后，监督已定级的债券在一段时期内的信用质量，及时根据发行人的财务状况变化的反馈作出相应的信用级别调整，并将此信息告知发行人和投资者。

标准普尔公司把债券的评级定为四等十二级，即：AAA、AA、A、BBB、BB、B、CCC、CC、C、DDD、DD、D。为了能更精确地反映出每个级别内部的细微差别，在每个级别上还可视情况不同加上"+"或"−"符号，以示区别。这样，又可组成几十个小的级别。

AAA 是信用最高级别，表示无风险，信誉最高，偿债能力极强，不受经济形势任何影响；AA 是表示高级，最少风险，有很强的偿债能力；A 是表示中上级，较少风险，支付能力较强，在经济环境变动时，易受不利因素影响；BBB 表示中级，有风险，有足够的还本付息能力，但缺乏可靠的保证，其安全性容易受不确定因素影响，这也是在正常情况下投资者所能接受的最低信用度等级。或者说，前四种级别一般被认为属投资级别，其债券质量相对较高。后八种级别则属投机级别，其投机程度以此递增，这类债券面临大量不确定因素。特别是 C 级，一般被认为是濒临绝境的边缘，也是投机级别中资信度最低的，至于 D 等信用度级别，则表示该类债券属违约性质，根本无还本付息希望，如被评为 D 级，那发行人离倒闭关门就不远了。因此，是三个 D 还是两个 D 意义已不大。

以上等级标准及评判尺度各国可能略有不同，有的类别稍有差异，但按其风险大小，以 ABCD 形式依此排列的做法还是相通的。对股票的评级也大同小异。我国债券评级标准是参照国际惯例做法和我国评级实际情况，主要侧重于债券到期还本付息能力与投资者购买债券的投资风险程度而制定的，其级别设置没有 D 级，属三等九级。

国债基础知识

国债是国家发行的债券，到期还本，半年或一年付息一次，国债的利率比同期存款利率高，投资国债不用缴纳利息税。

2000 年 5 月后，在我国发行的国债有两种：一是凭证式国债，利率比同期存款利率高，类似储蓄又优于储蓄，有"储蓄式国债"之称；另一种是记账式国债,又称无纸化国债,目前主要是通过证券交易所交易,可以像股票一样买卖。与凭证式国债相比,记账式国债收益率和变现能力优势都较为明显:记账式国债的利率比凭证式国债高;由于记账式国债可以上市流通,不仅可以获得固定的利息,同时还可以通过低买高卖获得差价收入。

国债交易是净价交易,即不含利息,实际成交价格是净价和应计利息相加,我们通过交易所行情系统所看到的显示价格就是净价。

假设一只期限为 3 年、年利率为 3.65% 的记账式国债,发行时,某投资者以 100 元买入,持有 100 天之后,该品种交易价格涨到了 103 元,该投资者卖出此债券的价格为 103 元,但实际的成交价格不仅包括 103 元,还包括 100 天的利息收入 1 元(年利率 ÷365× 实际持有天数),合计为 104 元。同样投资该债券的投资者买入价为 103 元,但由于需要把前 100 天的利息付给前一位持有者,因此实际成交价位应为 104 元。

目前,记账式国债票面利率有两种形式:固定利率债券和浮动利率债券。固定利率债券指在发行时规定利率在整个偿还期内不变的债券;而浮动利率债券会随着银行利率的变化而变化。目前交易所唯一的两只浮动利率债券就是 2000 年发行的 4 期和 10 期国债,其年利率分别为当年银行 1 年期利率分别加上 0.62% 和 0.38%。

Chapter 07
聪明人如何投资股票

股票是一种大众投资形式，投资者既可以享受上市公司的利润分红，又可以在股票的波动中赚取差价。由于中国的股市没有强行分红机制，上市公司中长期不分红或分红吝啬的占据了一多半，因而赚取股票差价成为投资人最主要的获利途径。这也注定了中国股市的投机色彩浓厚，波动比较大。

股票市场的不可预测性

投资市场的不可预测性是指证券市场是一个复杂的动态系统，由于其内部因素相互作用的复杂性以及影响它的许多外部因素的难处理性，使得其运行规律难以被理解和刻画。然而在具体的投资过程中，好多人最喜欢做的却是去预测，或者就是让别人去预测。这是投资者对市场缺乏了解的表现。其实，无论是大盘还是个股，从来没有人能正确预测出其具体点位或价位，最多也就是根据当时的走势判断一下趋势。而市场会以它自己的方式来证明大多数的预测都是错误的。

那些著名的投资大师，他们更多的是关注股票本身，以及大的趋势，很少花心思去预测股市的短期变化。例如：有股神之称的沃伦·巴菲特和美国最成功的基金经理彼得·林奇就告诫投资者：永远不要预测股市。因为，没有人能预测股市的短期走势，更不可能预测到具体的点位。即使有一次预测对了，那也是运气，是偶然现象，并不会是常态。

沃伦·巴菲特说："我从来没有见过能够预测市场走势的人。""分析市场的运作与试图预测市场是两码事，了解这点很重要。我们已经接近了解市场行为的边缘了，但我们还不具备任何预测市场的能力。复杂适应性系统带给我们的教训是，市场是在不断变化的，它顽固地拒绝被预测。"他坚持认为，预测在投资中根本不会占有一席之地，他的方法就是投资于业绩优秀的公司。他还说道："事实上，人的贪欲、恐惧和愚蠢是可以预测的，但其后果却不堪设想。"在他看来，投资者经历的就是两种情况：上涨或下跌。关键是你必须要利用市场，而不是被市场所利用，千万不要让市场误导你采取错误的行动。

其实，只要我们仔细想想，就知道那些所谓的预测的不可靠性。如果那些活跃的股市和经济预测专家能够连续预测成功的话，他们早就成了大富翁，还用得着到处奔波做预测吗？

即使那些投资市场上的大型机构，也无法准确预测股市的短期走势。例如：在中国市场上，近年来机构对上证指数最高点位的预测（这些预测无疑代表了目前中国资本市场高端的研究水平，集中了许多重量级研究机构和研究人员的智慧）就屡屡失算。2005年年末各大券商机构对2006年进行预测，认为1500点已是最高目标位的顶部了，当时有个别专家分析股改大势后提出，1300点将成为历史性底部时，不少分析人员还嗤之以鼻。但事实上，2006年却是以2675点最高点位收盘。到了2006年年末，绝大多数机构对2007年上证指数的预测都远远低于4000点，而实际上2007年，将近半年以上时间都是在4000点上方运行，到10月份上证指数还一度达到 6124 点的高位。随后股市大跌，有好多人预测 4000 点是政策底，绝不会跌破，结果股指最终跌破了 2000 点。还有，很多人预测 2008 年奥运会时会有一波大行情，可是最终的结果却是，不但奥运会前夕股市表现很弱。而且，就在奥运会开幕当天，股市开始了向下破位。在奥运会进行的那些天，股市一路向下。预期中的奥运行情没有出现，留下的是黑色梦魇。由此可见，对于具体点位的预测常常是"失算"多于"胜算"。

本杰明·格雷厄姆说："如果说我在华尔街 60 多年的经验中发现过什么的话，那就是没有人能成功地预测股市变化。"

虽然，股市的具体点位是无法准确预测的，但大的趋势还是可以判断的。其实，彼得·林奇的"鸡尾酒会"理论是一个寻找股市规律的有效工具。

在鸡尾酒聚会上，不同职业不同阶层的人们彼此相识，聊天。彼得·林奇从参加鸡尾酒会的经历上，总结出了判断股市走势的四个阶段。

第一阶段，当彼得·林奇在介绍自己是基金经理时，人们只与他碰杯致意，就漠不关心地走开了。他们更多的是围绕在牙医周围，询问自己的牙疼病，或者宁愿谈论明星的绯闻，没有一个人会谈论股票。彼得·林奇认为，当人们宁愿谈论牙病也不谈论股票时，股市应该已经探底，不会再有大的下跌空间。

第二阶段，当彼得·林奇在介绍自己是基金经理时，人们会简短地与他聊上几句股票，抱怨一下股市的低迷，接着还是走开了，继续关心自己的牙病和明星的绯闻。彼得·林奇认为，当人们只愿意闲聊两句股票而还是更关心自己的牙齿时，股市即将开始抄底反弹。

第三阶段，当人们在得知彼得·林奇是基金经理时，纷纷围过来询问股票购买，哪只股票能赚钱，股市走势将会如何，而再没有人关心明星绯闻或者牙齿。彼得·林奇认为，当人们都来询问基金经理买哪只股票时，股市应该已经到达阶段性高点。

第四阶段，人们在酒会上大谈特谈股票，并且很多人都主动向彼得·林奇推荐股票，告诉他去买哪只股票，哪只股票会涨。彼得·林奇认为，当人们不再询问该买哪只股票，而是反而主动告诉基金经理买哪只股票好时，股市很可能已经到达顶部了，大盘即将开始下跌震荡。

我们既然无法准确地预测股市，那么最好的办法就是不要预测股市。正如巴菲特所说："对于未来 1 年后的股市走势、利率以及经济动态，我们不做任何预测。我们过去不会，现在不会，将来也不会预测。"投资者应该关注企业的基本面，而不要去枉自预测市场的变化。

所有企图预测市场的人最终都以惨败告终。所以，不要企图精确预测，特别是企图把握股票的短期波动。因为没有人能真正做到这一点。如果投资者能把金钱和精力投入到有限的股票和企业上来，有针对性地对自己买入股票的企业加以全方位的了解，这样，投资的效果会更好。

股票市场的波动原理

在投资市场上，股票的价格不可能一直上涨，也不可能一直下跌，而是围绕股票的内在价值不断地涨涨跌跌进行波动。英国著名经济学家休谟指出："一切东西的价格取决于商品与货币之间的比例，任何一方的重大变化都能引起同样的结果——价格的起伏。"休谟还进一步说："商品增加，价钱就便宜；货币增加，商品就涨价；反之，商品减少或货币减少也都是有相反的倾向。"其实，股票也是一种商品，也受这种规律的制约。当某一特定的股票入场，交易的股票数量增加，而参与交易的资金不变时，交易的价格就会下跌；反之，当参与交易的资金增加，而交易的股票数量不变时，交易的价格就会上涨。

关于股票波动特性的研究，最著名的当属艾略特的波浪理论。艾略特认为，不管是股票还是商品价格的波动，都与大自然的潮汐、波浪一样，一浪跟着一波，周而复始，具有相当程度的规律性，展现出周期循环的特点，任何波动均有迹可循。因此，投资者可以根据这些规律性的波动预测价格未来的走势，从而确定自己的买卖策略。

一、波浪理论的四个基本特点

（1）股价指数的上升和下跌将会交替进行。

（2）推动浪和调整浪是价格波动两个最基本形态，而推动浪（即与大市走向一致的波浪）可以再分割成五个小浪，一般用第1浪、第2浪、第3浪、第4浪、第5浪来表示，调整浪也可以划分成三个小浪，通常用a浪、b浪、c浪表示。

（3）在上述八个波浪（五上三落）完毕之后，一个循环即告完成，走势将进入下一个八波浪循环。

（4）时间的长短不会改变波浪的形态，因为市场仍会依照其基本形态发展。波浪可以拉长，也可以缩短，但其基本形态永恒不变。

总之，波浪理论可以用一句话来概括，即"八浪循环"。

二、波浪的具体形态

那么，如何来具体划分上升五浪和下跌三浪呢？通常来说，八个浪各有不同的表现和特性。

第1浪

（1）几乎半数以上的第1浪，是属于营造底部形态的第一部分，第1浪是循环的开始，由于这段行情的上升出现在空头市场跌势后的反弹和反转，买方力量并不强大，加上空头继续存在卖压，因此，在此类第1浪上升之后出现第2浪调整回落时，其回档的幅度往往很深。

（2）另外半数的第1浪，出现在长期盘整完成之后，在这类第1浪中，其行情上升幅度较大，经验看来，第 1 浪的涨幅通常是五浪中最短的。

第 2 浪

这一浪是下跌浪。由于市场人士误以为熊市尚未结束，其调整下跌的幅度相当大，几乎吃掉第 1 浪的升幅。当行情在此浪中跌至接近底部（第 1 浪起点）时，市场出现惜售心理，抛售压力逐渐衰竭，成交量也逐渐缩小，第 2 浪调整才会宣告结束。

第 3 浪

第 3 浪的涨势往往是最大、最有爆发力的上升浪。这段行情持续的时间与幅度，经常是最长的，市场投资者信心恢复，成交量大幅上升，常出现传统图表中的突破讯号，如跳空高开等。这段行情走势非常激烈，一些图形上的阻力位，非常轻易地被穿破，尤其在突破第 1 浪的高点时，是最强烈的买进讯号，由于第 3 浪涨势激烈，经常出现"延长波浪"的现象。

第 4 浪

第 4 浪是行情大幅劲升后的调整浪，通常以较复杂的形态出现，经常出现"倾斜三角形"的走势，但第 4 浪的底点不会低于第 1 浪的顶点。

第 5 浪

在股市中第 5 浪的涨势通常小于第 3 浪，且经常出现失败的情况。在第 5 浪中，二类、三类股票通常是市场内的主导力量，其涨幅常常大于一类股（绩优蓝筹股、大盘股），即投资人士常说的"鸡犬升天"，此期市场情绪表现相当乐观。

a 浪

在 a 浪中，市场投资人士大多数认为上升行情尚未逆转，此时仅为一个暂时的回档现象，实际上，a 浪的下跌，在第 5 浪中通常已有警告讯号，如成交量与价格走势背离或技术指标上的背离等，但由于此时市场仍较为乐观，a 浪有时出现平势调整或者"之"字形态运行。

b 浪

b 浪表现经常是成交量不大，一般而言是多头的逃命线，然而由于是一段上升行情，很容易让投资者误以为是另一波段的涨势，形成"多头陷阱"，许多人士在此期惨遭套牢。

c 浪

c 浪是一段破坏力较强的下跌浪，跌势较为强劲，跌幅大，持续的时间较长久，而且出现全面性下跌。

从以上介绍看来，波浪理论似乎颇为简单和容易运用，实际上，由于每一个上升或下跌的完整过程中均包含有一个八浪循环，大循环中有小循环，小循环中有更小的循环，即大浪中有小浪，小浪中有细浪，因此，使数浪变得相当繁杂和难于把握，再加上其推动浪和调整浪经常出现延伸浪等变化形态和复杂形态，使得对浪的准确划分更加难以界定，这两点构成了波浪理论实际运用的最大难点。

附：波浪理论的缺陷

（1）波浪理论家对现象的看法并不统一。每一个波浪理论家，包括艾略特本人，很多时候都会受一个问题的困扰，就是如何判断一个浪是否已经完成而开始了另外一个浪呢？有时甲看是第 1 浪，乙看是第 2 浪。差之毫厘，谬以千里。看错的后果可能十分严重。一套不能确定的理论用在风险奇高的股票市场，运作错误足以使人损失惨重。

（2）甚至怎样才算是一个完整的浪，也无明确定义，在股票市场的升跌次数绝大多数不按五升三跌这个机械模式出现。但波浪理论家却曲解说有些升跌不应该计算人浪里面。这种波浪完全是随意主观。

（3）波浪理论有所谓延伸浪，有时五个浪可以伸展成九个浪。但在什么时候或者在什么准则之下波浪可以延伸呢？艾略特却没有明言，需要各自启发，自己去想。

（4）波浪理论的浪中有浪，可以无限伸延，也就是升市时可以无限上升，都是在上升浪之中，一个巨型浪持续一百多年都可以。下跌浪也可以跌到无影无踪，但仍然是下跌浪。只要是升势未完就仍然是上升浪，跌势未完就仍然是下跌浪。这样的理论有什么作用？能否推测浪顶浪底的运行时间甚属可疑，等于纯粹猜测。

总之，波浪理论是一套主观性很强的分析工具，不同的分析者对浪的识别和判断会不同，对浪的划分也很难准确界定，这就对投资者的判断力要求非常高。一般来说，波浪理论不能运用于个股的选择上，只用以分析大盘或平均指数，并由此发现较理想的买卖时机。而且波浪理论运用也非常灵活，投资者不能死搬硬套。

投资的安全边际

价值投资有两个最基本的概念，就是"安全边际"和"成长性"。其中，安全边际是比较难把握的。这也很正常，因为如果人们学会了确定安全边际，短期虽然难免损失，但长期来看，应该是不赔钱的。这样好的法宝，当然不容易掌握。

那么，什么是安全边际？为什么要有安全边际这个概念呢？

安全边际顾名思义就是股价安全的界限。这个概念是由证券投资之父本杰明·格雷厄姆提出来的。作为价值投资的核心概念，安全边际在整个价值投资领域中处于至高无上的地位。它的定义非常简单而朴素：内在价值与价格的差额。换一种更通俗的说法就是价值与价格相比被低估的程度或幅度。格雷厄姆认为，值得买入的偏离幅度必须使买入是安全的。最佳的买点是即使不上涨，买入后也不会出现亏损。格雷厄姆把具有买入后即使不涨也不会亏损的买入价格与价值的偏差称为安全边际。格雷厄姆给出的是一个原则,这个原则的核心是即使不挣钱也不能赔钱。同时安全边际越大越好,安全边际变大获利空间就会自然提高。

安全边际不保证能避免损失,但能保证获利的机会比损失的机会更多。巴菲特指出:"我们的股票投资策略持续有效的前提是,我们可以用具有吸引力的价格买到有吸引力的股票。对投资人来说,买入一家优秀公司的股票时支付过高的价格,将抵消这家绩优企业未来10年所创造的价值。"这就是说,忽视安全边际即使买入优秀企业的股票也会因买价过高而难以盈利。

对于投资者来说,不能忽视安全边际。但什么样的情况下股票就达到安全边际,股价就安全了呢?10倍市盈率是不是就安全呢?或者低于净资产值就安全呢?未必是。如果事情这么简单,那就人人都赚钱了,股市也就成了提款机。

我们打个比方,鸡蛋8元钱一斤,值不值?就现在来说,不值。这个8元钱是价格,我们还可以去分析一下价值,从养鸡、饲料、税费、运输成本折算一下的话,可能是2元钱一斤,那么这个2元钱就是鸡蛋的价值。什么是安全边际呢?就是把价值再打个折,就能够获得安全边际了。例如:你花了1.8元钱买了一斤鸡蛋,你就拥有了10%的安全边际,你花了1.6元钱买了一斤鸡蛋,那你就拥有了20%的安全边际。

所以,安全边际就是一个相对于价值的折扣,而不是一个固定值。我们只能说,当股价低于内在价值的时候就有了安全边际,至于安全边际是大还是小,就看折扣的大小了。

为什么要有安全边际呢?曾有人打了一个很好的比方,如果一座桥,能够允许载重4吨,我们就只允许载重2吨的车辆通过,显然这个2吨就是安全边际。这样,就给安全留出了余地,就内因而言,如果我们设计或施工中有一些问题,那么这个 2 吨的规定可能还会保障安全;就外因而言,万一有个地震或地质变化什么的,2 吨可能可以保障不出事。

股价的安全边际也是如此。就内因而言,我们可能对一个企业的分析有错误,那么安全边际保障我们错得不太离谱;就外因而言,一个企业可能会出现问题,会在经营中进入歧途,那么在我们察觉到的时候,可能还损失不大。因为,我们的选择有安全边际,说白了,就是股价够便宜,给我们留出了犯错误和改正错误的空间。当然,安全边际不仅让我们赔得少,还能让我们赚得多。很简单,因为买价低。比如说,一只股票的股价从 2 元上涨到 12 元,内在价值是 4 元,2 元就是很大的安全边际。

巴菲特在 2 元时买入股票,一般价值投资者在 4 元时的价值线买入,技术分析家则根据趋势在 6 元买入,结果是巴菲特赚了 5 倍,一般价值投资者赚了 2 倍,技术分析家赚了 1 倍,这是个还算不错的结果。如果股价从 2 元上涨到 6 元,巴菲特赚 2 倍,一般价值投资者赚 50%,技术分析家可能还赔钱。

或许,有人会说,大盘涨起来的时候都没有安全边际了;但问题是,在市场极度低迷的时候,很多有很大安全边际的股票却根本无人问津。话说回来,安全边际能不能保障股价安全?未必。最大的安全边际是成长性。比如,一个生产寻呼机的企业只有 5 倍市盈率,不高吧?可是现在连寻呼台都找不到了,安全就是笑话。可见,只有在具有成长性的前提下,安全边际才有意义。

关于安全边际的理解其实非常容易,但是怎么判断安全边际或者什么时候才真正到了跌无可跌的时候是非常困难的。还有就是安全边际迟迟不来怎么办等。根据格雷厄姆的原意就是"等待"。在他眼里,人一生的投资过程中,不希望也不需要每天都去做交易,很多时候我们会手持现金,耐心等待。由于市场交易群体的无理性,在不确定的时间段内,比如 3~5

年的周期里，总会等到一个完美的高安全边际的时刻。换句话说，市场的无效性总会带来价值低估的机会，那么这个时候就是你出手的时候。就如非洲草原的狮子，它在没有猎物的时候更多的是在草丛中慢慢地等待，很有耐心地观察周围情况直到猎物进入伏击范围才迅速出击。如果你的投资组合里累积了很多次这样的投资成果，从长期看，你一定会取得远远超出市场回报的机会。所以，安全边际的核心就在把握风险和收益的关系。

其实，对安全边际的掌握更多时候体现了一种生存的艺术。投资如行军打仗，首先确保不被敌人消灭掉是作战的第一要素，否则一切都将无从谈起。这一点在牛市氛围中，在泡沫化严重的市场里，显得尤为重要。

投资的洼地效应

在社会经济发展的过程中，人们把"水往低处流"这种自然现象引申为一个新的经济概念——"洼地效应"。从经济学理论上讲，"洼地效应"就是创造理想的经济和社会人文环境，使之对各类生产要素具有更强的吸引力，从而形成独特的竞争优势，吸引外来资源向本地区汇聚、流动，弥补本地资源结构上的缺陷，促进本地区经济和社会的快速发展。简单地说，就是指一个区域与其他区域相比，环境质量更高，对各类生产要素具有更强的吸引力，从而形成独特的竞争优势。资本的趋利性，决定了资金一定会流向更具竞争优势的领域和更具赚钱效应的"洼地"。

例如房地产。当房地产围合一个湖泊中心发展之时，便形成了自湖心向四周土地递减的级差地租，大致出现"近贵远贱"的圈层分布，这其实就围合出湖心的价值洼地。一旦因某种特殊原因填湖开发，那么，湖心洼地的地价和房价就会突然井喷，创下区域地产的最大价值，甚至引发周边地产的价值飙升，即产生了洼地效应。当然在房地产实际开发中，所谓的洼地不一定就是湖心区，也可能是市政中心、城市广场或历史建筑区等对于区域价值有提升作用的区域。

"洼地效应"是近两年比较流行的词，在经济学的财经分析中我们常会看到。比如，中国市场的巨大投资潜力和发展空间，吸引着越来越多的国际投资者的目光，使外资投入持续增加，这样就可以说中国在全球经济中产生了洼地效应；这个词也可以形容江浙一带对人才的吸引，说江浙民间资本的持续发展产生了洼地效应；而当解释蓝筹股在弱市中的井喷行情时，就会比较其动态市盈率和平均市盈率，说其产生了价值洼地。

日本股神是川银藏说："选择未来大有前途，但却尚未被世人察觉的潜力股，并长期持有"。对于投资者来说，"洼地效应"的概念好理解，但如何才能在股票市场上找到真正的"洼地"，获得投资的巨大收益呢？

一是，如果发现有做实体产业，每股业绩高达1元以上，而且其产业方向和经营业绩基本能处于长期稳定的状态，在经济危机中不但没遭受重创，还能迅速翻身挺过来的公司股票，则是属于"洼地"的投资目标。

二是，遭受长期冷落，但关乎国计民生的股票。例如，属于人民大众最重要的吃饭问题的粮食和农业概念股，是可以而且必须持续发展的永恒产业，如果其业绩和发展预期良好，而且没有被爆炒过，则属于价值洼地，非常具有投资价值。

三是，关注那些属于国家规划扶持发展，真正生产与科研结合，有能力、有规模和有实力做新能源产业的，必然在不远的将来影响到后续人类的生产、生活方式，无论现在起始阶段多么迷茫，或是股价已被炒得很高，但只要是符合全球人类革新方向的，就还值得长远投资布局，不过可能得有一定耐心。

选择市场性优异的股票

每个股票都有其特性，即股性。股性好，指该股活跃，在大势升时该股股价升得多，大势跌时股价波动较大，这种股票群众基础好，大家都乐意炒它。而股性不好的股票往往股价呆滞，只会随大势作小幅波动，炒作这种股票往往赚不到什么钱。

每种股票都有其习性，这种习性是长期炒作形成的，是由于大众对其看法趋于一致造成的，一般难以改变。但股性并不是永远不变的，有时通过机构长时间努力，或由于经济环境的改变，可能会改变一些股票的特性。

几乎所有的热门指标股，都有良好的市场性，这些股票的筹码锁定好，易大起大落，投资者高度认同这些股票，一有风吹草动即大胆跟风，从而造成该股股价疯涨。大众认同的程度越高，该股市场的属性越好，市场主力往往介入这些股票，在其中推波助澜。而主力对于长期介入较多的股票市场性很熟悉，也常常选择同一只股票多次介入。这正是形成个股独特股性的重要原因。

股本结构这个因素是个股的重要属性之一，多年来股本小的个股往往较容易成为主力炒作的目标。很多主力介入操作的重要参考因素就是股本的大小。小型股容易控制筹码，轻、薄、短、小的股票具备拉升容易的特点，十分利于操作。

冷门股有时也会成为表现惊人的个股，冷门股从前大多有过突然爆发的经历。也就是说，其股性属于突然拉升型。冷门黑马股大多流通筹码很少，股本小，所以，这类股票一旦打底完成发动攻击，其升幅往往是十分可观的。

股票的特性是长期形成的，需要投资者长期了解才能全面熟悉。当投资者了解股票的特性后，对预测个股态势则十分有利。同样，如果某只股票的个性出现变化，那么也就可以很快记住他们的变化。

因此，选择股票应该首先考虑股性，落后大势的弱势股不要去碰，而热门的指标股是首选目标，某些冷门股经过长期的盘整，也有可能突然爆发，可以考虑选择。

选择有潜力的低价股

股票价格低，本身就是一个优势。低价格往往意味着低风险。某只股票的价格之所以低，说明该股票的不利因素已被大众所了解，而股票市场的一个特点就是，大家都已经知道的事情往往对市场不再起作用，正如大家已经知道的好消息公布出来也无法再使市场上升。所以，如果某只股票的价格很低，那一定是因为一些众所周知的原因，并且大家都已经接受了这种现状。

然而事情并非一成不变。在一批低价股中，常常就隐藏着几个可能变好的股票，这是最值得炒作的。同时，低价的特性使得炒作成本低，容易引起主力的关注，容易控制筹码。由于比例的效应，低价股上涨获利的比率会更大，获利的空间与想象的空间更广阔。再加上群众基础好的原因，常常会使低价股成为大黑马。

当然，并非低价就一定好，有些上市公司积弱多年，毫无翻身的机会，甚至亏损累累，这样的低价股还是少碰为妙。最重要的是找出低价股中的好股票和有利好可能的股票。

选择强势产业的股票

强势产业的股票往往是领导大市的主角，尤其是行业中的龙头，往往具有指标股的作用。因此，选股必须选择强势产业中的领头股，这样往往能领先大势获利。通常，在某个多头市场的领头股，到大市反转时，便成为抗跌的好股票。

投资者应该了解整个国家的经济形势与产业政策，哪些是夕阳产业，哪些是强势产业，做到心中有数。对国家产业政策扶持的上市公司来讲，经营的阻力要小一些，获利的能力会大一些。另外，从全世界的产业发展趋势来看，也可以看出哪些行业是有前途的，哪些行业是面临困境的。投资者应有买股票就是买未来的观念，所以，对前景看好的尖端产业应具备长远的眼光，对高科技、高附加值的产业，尤其要特别注意。

投资者应经常检视各类产业股票的表现情形，这将有助于摆脱目前的弱势产业的股票、换入强势产业的股票。某一行业的股票常常有某种联动性。如果某产业的龙头股表现疲弱，则往往会波及该行业的其他股票。同样，如果某行业的几种指标股呈强劲起势，则会带动其他同类个股。

分析炒作题材

所谓题材，就是炒作股票的借口，用来激发市场人气的工具。有些题材确有实质性内容，而有些则纯粹是空穴来风，甚至是刻意散布的谣言。题材对上市公司本身有多大好处是不能随便确定的，具体情况需要具体分析。但市场的特点是：只要有题材，市场就乐于挖掘和接受，而题材的真实作用反而会被忽视。

一、常用来炒作的题材

（1）经营业绩改善或有望改善。从根本来讲，业绩是股市的根本所在，业绩是硬道理。所谓利好的预期最终都会反映到业绩上来，因此这是最有号召力的题材。而其中，业绩可望改善比业绩已经改善更有吸引力。因为人们更看重上市公司的未来。这类题材每到公布业绩报告期间显得尤为活跃，而公布完后，就暂时告一段落。

（2）拥有庞大的土地资产有望升值。这个题材极具想象力，但最终要看是否有人挖掘并宣传这个题材。

（3）国家产业政策扶持。最关键的是优惠的税收政策和贷款政策。通常出现在能源、交通、化工、通讯、高科技等领域。

（4）合资合作或股权转让。分析合资题材，要全面考虑合资伙伴的经济实力和市场能量，分清有利的真合资和纯粹为造题材而吹捧的假合资，分清合资的前景是好是坏。

（5）增资配股或送股分红。增资配股本身并不是分红行为，并没有给股东什么回报，只是给股东一个增加投资的权利。在牛市中，这种优先投资的权利往往显得更重要，并具有一定的价值，因为牛市中人们预期股价会上升，可以优先投资必定会带来良好的收益。送股分红是上市公司给股东的真正回报，在这种回报真正兑现之前，往往会出现抢权现象，因为预期牛市会填权。增资配股或送股分红成为一种题材，是因为人们的牛市预期。一旦市势逆转，人们预期的熊市到来，送股也好，配股也好，都不能激起人们的购买欲望。

（6）控股或收购。这是国外发达市场中较具有吸引力的题材之一。因为它能给人以无限的想象空间。控股指某财团在股票市场上大量吸纳某只股票，以求最终控制该公司。不过在中国股市的二级市场上发生真正意义的抢股收购是不太可能的。这与上市公司的股本结构有关。因此控股或收购还仅仅是一个炒作题材。多数控股行由于庄家炒作失当，手中的股票越来越多，以致达到或超过举牌的界限，而不得不举牌。

二、分析炒作题材

分析题材是真是假其实不难，可以通过分析上市公司的各种公告和报表进行辨别。但最好的方法是拿题材来与盘面比较，看盘面是否支持该题材的存在。对于真正的炒股高手来说，根本用不着整天打听什么消息，一切都在盘面上清楚地反映出来了。

某个题材到底能给盘面造成多大的影响，那不决定于题材的情况，而取决于盘面当时的处境。盘面的反应就是供求关系的变化，盘面的状态就是指目前供求关系的状态。

市场气氛有高有低，人气有旺有衰，同样的题材投入到市场中，反映常常因时而异。这就是市场的微妙之处。只有懂得了题材与市场的这种关系，才能站到市场之上，置身事外来分析市场的反应。

反过来，通过市场对题材的反应，也可以看出目前市场所处的状态。一个对坏消息毫无反应的市场无疑是个强势市场，而一个对庄家鼓吹的利好题材没有什么反应的市场是弱势市场。在牛市中，即使庄家不去鼓吹，投资者也会自己去发掘。所以说题材是借口，市场状态才是关键。

题材的真假无关紧要，重要的是市场的反应、题材的号召力及跟风者多不多。

三、轮炒的策略

轮炒与其说是一种策略，不如说是一种自然现象。所谓轮炒，是指把市场上不同板块分成几个层次，依序分批炒作的现象。轮炒可以是市场主力的安排，也可能是市场自发形成。大盘中股票太多，所有股票一起上涨需要太多的资金，而且股票一起上攻时，投资者的注意力被分散了，不容易形成强烈的攻势。轮炒的本质是把大盘分割成多个部分，然后集中力量来炒作一批。另外，当一批股票走弱时，可以有另一批股票来代替前者支撑局面，用以维护市场人气。

轮炒往往依照先一线绩优股，再二线中价股，再三线低价股进行。这是因为行情发动之初，人们往往对后市存有疑虑，一般不敢买入那些业绩没有保证的个股，而此时绩优股的价格偏低，投资价值显现，成为第一批投资者的首选。当一线股炒高以后，二线股随之跟上，因为二线股的业绩也不差，既然一线股已经很高了，那么后来者只有选择这些二线股了。接下来，市场趋于活跃，投机的气氛也越来越浓厚，于是三线股作为最投机的品种被用来炒作，这种炒作常常失去理性，成为纯粹的数字游戏。

当一线、二线、三线股轮炒一遍之后，一般市势就告一段落，回落调整以待时机。这是轮炒的普遍规律，当市场上可炒的股票越来越少的时候，市势也就差不多到了尽头。但也有例外情况，即轮炒二线股的时候，一线股已经开始调整，炒三线股的时候，一线、二线股又在调整，当三线股炒作完成后，也许一线股已经调整得相当彻底，这时如果大势长期看好，则有可能重新启动一线股，带动市场新一轮循环（大牛市时可能这样）。所以，投资者应该把握市场节奏，当三线股炒作完以后，密切注意一线股的走势，看是否有启动的迹象。一旦如此，则市势可能长期看好，可以开始新一轮炒作。

轮炒策略可以节省主力机构的资金，也符合市场心理的要求，因而市势的发展往往表现出轮涨的特征。投资者应充分利用自己的资金来应付轮炒，从而获得最大的利润。

顺势投资法

对于那些小额股票投资者而言，谈不上能够操纵股市，要想在变幻莫测的股票战场上获得收益，只能跟随股价走势，采用顺势投资法。当整个股市大势向上时，以做多头或买进股票持有为宜；而股市不灵或股价趋势向下时，则以卖出手中持股而拥有现金以待时机而动较佳。这种跟着大势走的投资作法，似乎已成为小额投资者公认的"法则"。凡是顺势的投资者，不仅可以达到事半功倍的效果，而且获利的几率也比较高；反之，如果逆势操作，即使财力极其庞大，也可能会得不偿失。

采用顺势投资法必须确保两个前提：一是涨跌趋势必须明确；二是必须能够及早确认趋势。这就需要投资者根据股市的某些征兆进行科学准确的判断。就多头市场而言，其征兆主要有以下几种。

（1）不利消息（甚至亏损之类的消息）出现时，股价下跌。

（2）有利消息见报时，股价大涨。

（3）除息除权股，很快做填息反应。

（4）行情上升，成交量趋于活跃。

（5）各种股票轮流跳动，形成向上比价的情形。

（6）投资者开始重视纯益、股利；开始计算本益比、本利比，等等。

当然顺势投资法也并不能确保投资者时时都能赚钱。比如股价走势被确认为涨势，但已到回头边缘，此时若买进，极可能抢到高位，接到最后一棒，股价会立即产生反转，使投资者蒙受损失。又如，股价走势被断定属于落势时，也可能是回升的边缘，若在这个时候卖出，很可能卖到最低价，懊悔莫及。

"拔档子"操作法

所谓"拔档子",是指投资者先卖出自己所持有的股票,待其价位下降之后,再买入补回的一种以多头降低成本,保存实力的方法。投资者"拔档子"并不是对后市看坏,也不是真正有意获利了结,只是希望趁价位高时,先行卖出,以便自己赚取一段差价。通常"拔档子"卖出与买回之间,短则相隔一天即要回补,长则可能达一两个月之久。

"拔档子"的动机有两种:其一为行情上涨一段后卖出,回降后补进的"挺升行进间拔档",其二为行情挫落时,趁价位仍高时卖出,等价位跌低时再予回补的"滑降间拔档"。前者是多头推动行情上升之际,见价位已上升不少,或者遇到沉重的压力区,干脆自行卖出,希望股价回落,以化解涨升阻力,待方便时再度冲刺;后者则为套牢多头,或多头自知实力弱于卖方,于是在股价尚未跌低之前,先行卖出,等价位跌落后,再买回。

"拔档子"时机选择恰当,可降低成本,增加利润,若不恰当,则吃力不讨好。通常的做法应是见好就收,以免遇见压低行情,白白让别人捡了便宜。

保本投资法

保本投资法是一种避免血本耗尽的操作方法。保本投资的"本"和一般生意场上"本"的概念不一样,并不代表投资人用于购买股票的总金额,而是指不容许亏蚀净尽的数额。因为用于购买股票的总金额，人人各不相同，即使购买同等数量的同一种股票，不同的投资者所用的资金也大不一样。通过银行融资买进的投资者所使用的金额，只有一般投资者所用金额的一半（如美国联邦储备银行规定，从事卖空者在进行交易时需支付当时股票市场价格50%的保证金）；以垫款买进（当然是非法的）的投资者所用的金额，更是远低于一般投资者所用的金额。所以"本"并不是指买进股票的总金额。"不容许亏蚀净尽的数额"则是指投资者心中主观认为在最坏的情况下不愿被损失的那一部分，即所谓损失点的基本金额。

保本投资法的基本假设是：任何人的现金都是有限度的。保本的关键不在于买进而在于卖出的决策。为了作出明智的卖出决策，保本投资者首先必须定出自己心目中的"本"，即不容许亏蚀净尽的那一部分，其次必须确定获利卖出点，最后必须确定停止损失点。比如，若某股票投资者心目中的"本"定为投资总额的1/2，那么他的获利点即为所持股票市价总值达到最初投资额的150%时，此时该股票投资者可以卖出持股的1/3，先保其本；然后，再定所剩下的"本"，比如改定为20%，即剩下的持股再涨20%时，再予卖掉1/6，将这一部分的"本"也保下来了；以此类推，再定出剩下持有股票的本。上述获利卖出点的确定是针对行情上涨时所采用的保本投资法策略。至于行情下跌时，则要确定停止损失点。停止损失点是指当行情下跌到达股票投资者的心目中的"本"时，即予卖出，以保住其最起码的"本"的那一点，如假定某股票投资者确定的"本"是其购买股票金额的80%，那么行情下跌20%时，就是股票投资者采取"停止损失"措施的时候了，即全身而退以免蒙受过多亏损。这就是保本投资法的关键在于卖出决策的道理所在。

这种方法比较适用于经济景气明朗时，股价走势与实质因素显著脱节时，以及行情变化怪异难以估量时，采用此法进行投资的人，切忌贪得无厌。

守株待兔法

守株待兔是家喻户晓的成语，将这一成语运用到股票投资中，并非要求投资者将自己的希望吊在一棵"树"上，而是要求投资者为了获利，要广泛撒网，守住很多树（最好是全部的树），既买进交易所挂牌且每天均有交易的多数或全部股票。对于普遍的投资者来讲，选择合适的投资对象非常关键，而且不易把握，如果缺乏正确可靠的消息来源和行家的指导，自己无法确定投资对象时，不妨采用此法。

具体的做法是：投资者可以将每天挂牌上市的股票各购进一股或几股。这样一来，任何股票涨跌都有可能获得收益而不至于全亏（当然，由于系统性风险而引起的整个股市行情下跌是一种例外情况）。

采用这种方法的人应该自己订立一个原则，如涨跌幅度超过二成则可售出或买进。这样做就不必为股票的选择而大动脑筋，省去很多麻烦，也降低了投资对象选择中的风险，收益可观。

但是，守株待兔法并不是最高明的办法，只是在选择投资对象没有绝对把握时才采用，采用这种方法需注意以下几点。

（1）不要涉足过分冷门的股票，因为过分冷门的股票可能使部分资金冻结，一般投资人的资金大多有限，经不起长期的冻结。

（2）一旦决定采用这种方法，就应该抱定不赚不卖的信心，不为各种马路消息所左右，既然网已经全部张开，只需等待，肯定会赚。

（3）必须关心经济景气动向，对于政治、军事等宏观的风险因素也要密切注视其变化，以便及早预测整个股市走势，避免将大亏特亏，悔之晚矣。

以静制动法

当股市处在换手、轮做，行情走势表现为"东升西跳""此起彼落"时，股票投资者不妨采用以静制动的做法。经常出入证券交易所的人，大都易受情绪的影响，如在股票轮做，行情东升西跳时，采取追涨的做法或跟随主力进出，很可能买到的是就要停顿或回头的股票，结果是疲于奔命，吃力不讨好没什么收益，甚至会有损失。既然在股票轮流跳动阶段，没有绝对把握去购买刚好发动涨势的股票，就不妨以静制动，选择涨幅较小，或者尚未调整价位的股票买进持有，等到其他同类股票的价位涨高了，自然会有主力发现这种未动股票的潜力，到时这种股票价格也会因主力的参与而上涨，投资者便可从中获利。这就是生意场上的所谓"大家都做的，我不做""迎风的树，结不牢果实"。

经常采用这种方法进行投资的人，不仅要求投资的技艺娴熟，还要求修养也很深。因此，从事投资虽然旨在获利，但投资人的内在涵养也很重要，这即所谓的"场内工夫场外学"之道理。

分散投资组合法

投资组合做法主要有以下几种。

（1）购买股票的企业种类要分散。不要集中购买同一行业企业的股票，否则，若碰上行业性不景气，本行业股价受不景气的影响会全部大幅下跌，会使投资者蒙受极大损失。

（2）购买股票的企业单位要分散。不要把全部资金投资于一个企业的股票，即使该企业目前经营业绩良好也要避免这种情况。

（3）投资时间要分散。购买股票前应当先了解各种股票的派息时间，一般公司是在每年3月份召开股东代表大会，4月份派息，也有半年派一次息的。购买股票时可按派息时间岔开选择购买。因为按以往情况分析，派息前股价都会升高，即使投资者购买的某种股票因利率、物价等变动而在这一时间蒙受公共风险，投资者还可以期待到另一时间派息的股票上获利。

（4）投资区域也要分散。由于各地的企业会受当地市场、税赋、法律政策等多方面因素的影响而产生不同的效果，分开投资，便可收"东方不亮西方亮"之效。

（5）按投资期限长短划分，制定的比例组合法包括长线投资、中线投资和短线投资。长线投资是指买进股票以后不立即转售，长期持有以便享有优厚的股东收益，持有时间一般在半年以下，其对象一般是财务状况良好而又有发展前景的公司股票。中线投资指的是把自己几个月内暂时不用的钱进行投资，投资对象是估计几个月内可提供良好盈利的股票。短线投资是指那些股价起伏甚大，几天内就可以有大涨跌的股票。一个投资者应该把自己的资金分成较长期内不用等待获利，几个月内不用和随时可动用、搞得好可获其利、搞不好全部损失也在所不惜的三部分，分别用于长线投资、中线投资和短线投资。用于长线投资的那部分一定要沉得住气，要坚持自己的意图，放长线钓大鱼，不达目的绝不罢休，切忌股价稍有上升就轻易抛出，其结果往往是图了眼前小利而损失长远大利。

试探性分开投资法

比如你要买某种股票 1 000 股，可以先买 500 股作为试探，等到该股票股价上涨到一定幅度出现回档，且价位至低档不再往下跌时（根据股市常规，股价上涨到一定幅度必然会有回档），再买进 500 股。这样，如果正处于"牛市"中，股价按刚才分析上涨，两次投资均可获利；如果处于"熊市"，股价不涨，反而回落，投资者的损失也比投资 1 000 股减少一半。

美籍华人胡立阳是在华尔街成长起来的投资大师，他推荐了一种投资方法：把手上的钱同时买进看好的五六只股票，第二天把亏损的卖掉，保留盈利的，再把卖掉股票的钱在这只盈利的股票回调时，加码买进。最终手上只保留一两只持续盈利的股票。胡立阳推荐的方法对于不知道如何选股的投资来讲，是有借鉴意义的。这种方法也属于试探性分开投资法的一个具体应用。

定式投资计划

初涉证券市场的投资者在进入市场之前往往没有制订一套明确的投资计划，仅凭借自己的主观意识随机应变，这种随机性的"非定式"投资行为通常为稳健的投资者所避讳。因为投资人的行为很容易被"舆论"所左右，盲目跟风，风险颇大。一个明智的投资者在购买股票以前，应该首先认真地调查股市行情，然后根据自己的实力和条件，制订可行的投资计划，只有这样，才能在股市中站稳脚跟，不为谣言所动，依据股市的实际情况，减少风险，获取收益。

与非定式计划相对的，则是"定式投资计划"。这种计划方式在国际上得到广泛运用。它可分为两种：一种是非常值定式计划，另一种是常值定式计划。非常值定式计划并不重视股票的"正常价值"，不论价值高低，坚持按照预定的计划，持续不断的投资。非常值定式计划包括下面几种投资方式。

1. 等级投资计划

等级投资计划的具体做法是：内心确定股价变动的某一幅度为一个买卖单位，如认定股价上涨或下跌5元或者10元为一个等级，当股价升降达到一个等级时，就买进或者卖出一定数量的股票，这样可以达到平均买入价低于平均卖出价的目的。

2. 均价成本投资计划

这种方法最为投资者推崇和广泛采纳。采用这种方法必须注意：应选择具有长期投资价值的股票，而且最好是市价波动比较明显的股票。具体操作规则是：在预定的一段时间内，如半年或1年间，以同样数目的资金定期买进股票。当股价上涨时，买进的数量相应减少；股价下跌时，买进的数量相应增多，这样在一般情况下，可以使平均买进价格低于市价水平。

3. 固定金额投资计划

固定金额投资计划就是把投资于股票的金额固定在一个水平上，不论股价上升或下降，都要保证持股数量在一个固定金额的水平上，其具体操作的法则是：

（1）同时投资于股票和债券；

（2）确定持有股票的数量在一个固定的金额水平上；

（3）在固定金额基础上计划一个百分比，当股价上涨幅度超过这个百分比时，则抛售部分股票，购买债券；相反，当股价下跌幅度超过百分比时，就卖出债券，买进股票，以保持固定金额的水平。

4. 固定比率投资计划

证券市场在不断完善和发展，投资方法也随之不断的改进，固定比率投资计划就是由固定金额投资计划演化而来。固定金额投资计划的操作与调整仅仅是为了维持固定的金额，缺乏与市场价格相适应的有机关联，固定比率投资计划则注意到了股票与债券在市场价格方面所占的比率关系，其核心内容是把持有的股票金额与债券金额确定在一个固定的比率水平上。

5. 变动比率投资计划

变动比率投资计划又叫常值变化定式计划，可分为以市值为基础的常值变化计划和以内值为基础的常值变化计划两种，无论是哪一种方法，其一般原则均是：将投资对象分成两组，一组是富有进取性、成长性而颇有风险的股票，另一组则是防守性、安全性的债券。这里所谓的"变化"是指两组之间的投资比率是变动的，根据整个市场行情的变化而变化。这种方法更加灵活多变且不易掌握。其难点在于如何确定与调整比率。一般是根据长时期的股价统计材料，计算其"中央价值"，以求得一个"正常价值"，来作为调整比率的依据。

Chapter 08
聪明人如何投资基金

炒股获利较大,相应地,风险高;储蓄获利较少,但风险也小。如果把股票与储蓄的优势集中在一起,这种取长补短之后的结果,就形成了基金的优势。基金的投入小,收益大;基金由专业的基金经理人管理,省心省事,经营稳定,效益可观。

在投资市场非常发达的美国,半数以上的家庭投资共同基金,家庭中大部分资产以基金的形式存在。我们也可以借鉴美国普通民众的投资方式,通过基金实现财富积累,完成从穷人到富人的飞跃。

什么是基金

基金是一种间接的证券投资方式。基金管理公司通过发行基金单位,集中投资者的资金,由基金托管人(即具有资格的银行)托管,由基金管理人管理和运用资金,从事股票、债券等金融工具投资,然后共担投资风险、分享收益。

投资基金在不同国家或地区称谓有所不同,美国称为"共同基金",英国和中国香港称为"单位信托基金",日本和中国台湾称为"证券投资信托基金"。

作为一种投资工具，证券投资基金把众多投资人的资金汇集起来，由基金托管人（如银行）托管，由专业的基金管理公司管理和运用，通过投资于股票和债券等证券，实现收益的目的。

对于个人投资者而言，倘若有1万元打算用于投资，但其数额不足以买入一系列不同类型的股票和债券，或者根本没有时间和精力去挑选股票和债券，那么购买基金是不错的选择。例如：申购某只开放式基金，投资者就成为该基金的持有人，上述1万元扣除申购费后折算成一定份额的基金单位。所有持有人的投资构成该基金的资产，基金管理公司的专业团队运用基金资产购买股票和债券，形成基金的投资组合。投资者所持有的基金份额，就是上述投资组合的缩影。

专家理财是基金投资的重要特色。基金管理公司配备的投资专家，一般都具有深厚的投资分析理论功底和丰富的实践经验，以科学的方法研究股票、债券等金融产品，组合投资，规避风险。

相应地，每年基金管理公司会从基金资产中提取管理费，用于支付公司的运营成本。另外，基金托管人也会从基金资产中提取托管费。此外，开放式基金持有人需要直接支付的有申购费、赎回费以及转换费。封闭式基金持有人在进行基金单位买卖时要支付交易佣金。

基金品种大观

根据不同标准可将投资基金划分为不同的种类。

（1）根据基金单位是否可增加或赎回，投资基金可分为开放式基金和封闭式基金。开放式基金是指基金设立后，投资者可以随时申购或赎回基金单位，基金规模不固定的投资基金；封闭式基金是指基金规模在发行前已确定，在发行完毕后的规定期限内，基金规模固定不变的投资基金。

（2）根据投资对象的不同，投资基金可分为股票基金、债券基金、货币市场基金、期货基金、期权基金、指数基金和认股权证基金等。股票基金是指以股票为投资对象的投资基金；债券基金是指以债券为投资对象的投资基金；货币市场基金是指以货币市场金融产品为投资对象的投资基金，专门从事商业票据、银行承兑汇票、可转让大额定期存单以及其他短期类票据的买卖；期货基金是指以各类期货品种为主要投资对象的投资基金；期权基金是指以能分配股利的股票期权为投资对象的投资基金；指数基金是指以某种证券市场的价格指数为投资对象的投资基金；认股权证基金是指以认股权证为投资对象的投资基金。

（3）根据组织形态的不同，投资基金可分为公司型投资基金和契约型投资基金。公司型投资基金是具有共同投资目标的投资者组成的、以营利为目的的股份制投资公司，并将资产投资于特定对象的投资基金；契约型投资基金也称信托型投资基金，是指基金发起人依据其与基金管理人、基金托管人订立的基金契约，以发行基金单位而组建的投资基金。

（4）根据投资货币种类，投资基金可分为美元基金、日元基金和欧元基金等。美元基金是指投资于美元市场的投资基金；日元基金是指投资于日元市场的投资基金；欧元基金是指投资于欧元市场的投资基金。

（5）根据投资风险与收益的不同，投资基金可分为成长型投资基金、收入型投资基金和平衡型投资基金。成长型投资基金是指把追求资本的长期成长作为其投资目的的投资基金；收入型基金是指以能为投资者带来高水平的当期收入为目的的投资基金；平衡型投资基金是指以支付当期收入和追求资本的长期成长为目的的投资基金。

（6）根据资本来源和运用地域的不同，投资基金可分为国际基金、海外基金、国内基金、国家基金和区域基金等。国际基金是指资本来源于国内，并投资于国外市场的投资基金；海外基金也称离岸基金，是指资本来源于国外，并投资于国外市场的投资基金；国内基金是指资本来源于国内，并投资于国内市场的投资基金；国家基金是指资本来源于国外，并投资于某一特定国家的投资基金；区域基金是指投资于某个特定地区的投资基金。

开放式基金和封闭式基金的区别

开放式基金和封闭式基金的主要区别如下。

1. 基金规模的可变性不同

封闭式基金均有明确的存续期限（我国规定不得少于 5 年），在此期限内已发行的基金单位不能被赎回，虽然特殊情况下此类基金可进行扩募，但扩募应具备严格的法定条件。

因此，在正常情况下，封闭式基金规模是固定不变的。而开放式基金所发行的基金单位是可赎回的，而且投资者在基金的存续期间内也可随意申购基金单位、导致基金的资金总额每日均不断地变化。换言之，开放式基金始终处于"开放"的状态。这是封闭式基金与开放式基金的根本差别。

2. 基金单位的买卖方式不同

封闭式基金发起设立时，投资者可以向基金管理公司或销售机构认购；当封闭式基金上市交易时，投资者又可委托券商在证券交易所按市价买卖。而投资者投资于开放式基金时，他们则可以随时向基金管理公司或销售机构申购或赎回。

3. 基金单位的买卖价格形成方式不同

封闭式基金因在交易所上市，其买卖价格受市场供求关系影响较大。

当市场供小于求时，基金单位买卖价格可能高于每份基金单位资产净值，这时投资者拥有的基金资产就会增加；当市场供大于求时，基金价格则可能低于每份基金单位资产净值。而开放式基金的买卖价格是以基金单位的资产净值为基础计算的，可直接反映基金单位资产净值的高低。

在基金的买卖费用方面，投资者在买卖封闭式基金时与买卖上市股票一样，也要在价格之外付出一定比例的证券交易税和手续费；而开放式基金的投资者需缴纳的相关费用（如首次认购费、赎回费）则包含于基金价格之中。一般而言，买卖封闭式基金的费用要高于开放式基金。

4. 基金的投资策略不同

由于封闭式基金不能随时被赎回，其募集得到的资金可全部用于投资，这样基金管理公司便可据以制定长期的投资策略，取得长期经营绩效。而开放式基金必须保留一部分现金，以便投资者随时赎回，由于不能尽数地用于长期投资，开放式基金一般投资于变现能力强的资产。

买基金就选"三好"基金

买基金就要选"三好"基金，所谓"三好"具体如下。

第一是好公司和团队。考察一家公司首先要看基金公司的股东背景、公司实力、公司文化以及市场形象，同时还要进一步考察公司治理结构、内部风险控制、信息披露制度和投资者教育等。其次要考察管理团队，主要看团队中人员的素质、投资团队实力以及投资绩效。

第二是要看好业绩。市场上表现优秀的基金公司，有着在各种市场环境下都能保持长期而稳定的盈利能力，业绩的好坏是判断一家公司优劣的重要标准。首先要看公司是否有成熟的投资理念；是否契合自己的投资理念，投资流程是否科学和完善；是否有专业化的研究方法、风险管理及控制、公司产品线构筑情况等。其次还要看公司的历史业绩，虽然历史投资业绩并不表明其未来也能简单复制，但至少能反映出公司的整体投资能力和研究水准。此外选择基金时还要关注那些风格、收益率水平比较稳定，持股集中度和换手率较合理的产品。

第三是好服务。正如在商场、酒店等消费时应该享受相应的服务一样，作为代客理财的中介服务机构，基金公司的重要职责之一就是提供优质的理财服务。从交易操作咨询、公司产品介绍到专家市场观点、理财顾问服务等，服务质量的高低也是投资者在选择基金时不容忽视的指标。

基金投资勿忘风险

基金的高收益给投资者带来丰厚的回报，在基金巨大的赚钱效应吸引下，越来越多新投资者开户加盟，许多老股民也纷纷转变成"基民"，基金投资者队伍迅速壮大，基金数量和规模也呈现爆炸式增长。

然而，在看到基金的赚钱效应之后，部分投资者将基金当作无风险的收益方式，通过抵押汽车、房产来借钱或贷款等方式将资金投在基金上。这种过度投机带来的风险是非常巨大的，作为专业投资机构和提供理财服务的基金公司，无论是从投资角度还是从理财角度，都不得不提醒大家：理性是投资的基石，基金投资不能忘记风险。

任何投资都有风险，基金投资也不例外。投资是不断控制和抵抗风险的过程，投资者在投资基金的过程中，通常会面临以下几种风险。

1. 市场的下跌和过热

市场下跌无疑会带来风险，而市场过热往往预示着风险的来临。例如：

美国股市在1998年经历了科技股泡沫，投资人对网络科技股的追捧使得纳斯达克指数创下5048.62点的纪录，但泡沫崩破后纳斯达克指数缩水76%，道琼斯指数相对2000年时的巅峰也跌去了30%，标普500则从它的最高峰下滑了43%。中国A股在2001年由于市场热炒上涨到2245点，市场的平均市盈率一度达到60倍以上，之后便一路下滑至998点，下跌幅度达到55.55%；中国A股在2007年再次由于市场热炒上涨到6000多点，之后便一路下滑至1600多点，许多基金在这期间出现亏损。

2. 基金公司操作失误的风险

20世纪90年代中期，美国华尔街出现了一个由两位诺贝尔经济学奖得主、前美联储副主席与华尔街最成功的套利交易者共同组建的长期资本基金，在短短4年中，其获得了285%的离奇收益率，缔造了华尔街神话。然而，在其出色交易员的过度操纵之下，长期资本基金在2个月之内又输掉了45亿美元，走向了万劫不复之地。在中国，也常有基金经理变更而导致业绩下滑的现象，还有些基金公司因为对未来经济形势和市场热点的把握失误导致业绩低下。

3. 来自投资人自身的风险

风险除了来自市场和基金公司之外，更多地则是来自购买基金人自身。追逐业绩是普通投资者最乐意为之的投资方式，很多投资者四处寻找业绩好的资产种类或基金。但是由于没有一项投资的业绩是保持不变的，投资者往往会在调整发生之前进行购买。随后，这些业绩追逐者在失望中出售其投资，却恰恰发生在业绩就要开始反弹之前。业绩追逐者希望通过对回报的密切关注为自己带来最佳的投资，但盲目追逐导致了其高价买进、低价抛出——正好与其想要的结果相左。

4. 投机心态是最大的风险

一些投资者不顾自身的风险承受能力，不仅将自己的房地产抵押，甚至不惜借贷利息很高的钱进行基金投资，这是非常危险的投机行为，风险非常大，一旦市场下跌，这些投资者会因为放大了资金杠杆而遭受大额亏损。投资基金是家庭资产配置中的一部分，尤其是股票型基金要做好长期投资的准备，千万不要抱着赌博的心态进行投机。

长投心态战胜市场

有些投资者在投资基金时喜欢如"炒股"一般高抛低吸、波动操作，希望能从中获取更高的收益。其实在实际操作中，这样做往往适得其反。作为普通投资人，对波段的判断是非常困难的，往往都是在追涨杀跌中错失了良好的行情。而且对基金进行波段操作，需要支付赎回费和申购费等交易费用，使交易成本大大增加。

从国际上成熟市场的经验来看，基金投资是一个长期行为，具有10年以上业绩证明的基金更受投资者青睐。衡量基金的优劣不是短短1年、2年的事情。从经济学角度分析，证券市场价格波动体现出了明显的偏向性特征，股票价格总体上具有不断向上增长的长期历史趋势，而非短期市场表现，这就是基金长期投资能够盈利的重要理论依据。

投资大师巴菲特最著名的操作策略就是长期持有，从而带来了斐然的投资业绩。在46年（截至2002年）的投资生涯中，巴菲特只有1年赔了钱，最高收益59.3%，最低 −6.2%，年均收益24.3%，相当于资产翻了16 393倍。同期指数年均上涨只有11.2%。投资基金也是一样，坚持投资，始终争取正收益，因为复利的力量将创造惊人的收益。

我国基金发展的历史也同样证明了基金是长期理财的有效工具，而不是短期投机炒作的发财工具。坚持长期投资的基金投资者普遍都获得了巨大收益，在市场中追涨杀跌、盲目入市的投资者则都付出了惨重的代价。其实投资的标准很简单，能有持续稳定正收益的基金就是好基金。以中国股市的发展趋势来看，假以时日，出现一批年均收率在15%~20%的偏股型基金是完全可能的。

因此，作为一种中长期的投资理财方式，投资者真正需要关注的，是基金长期的增长趋势和业绩表现的稳定性。而对应这种特点的操作方式就是长期持有。坚持长期投资的理念，才是广大基金投资者所应该持有的健康投资心态。只有真正具有耐心的人，才能在基金投资中获取最大收益。

如何掌握基金投资的方法

1. 区别对待股票投资和基金投资

投资者通常把偏股型基金当作股票来投资，就如有炒基金这一说法。虽然偏股型基金投资的范围也是在股票市场，但是两者的投资还是有本质区别的。股票投资的周期通常比较短，当一个价值型低估的股票上涨至合理价位或者溢价之后便会出现滞涨和下调，而有较长投资周期的成长型股票价格一般是由这个上市公司的经营情况来决定的。基金投资是一个经过设计的股票组合，这样的投资组合能够很好地抵御市场的风险，通过投资有价值低估的股票或者具有成长型的股票来获取利润。基金的专家团队也会在股市变化的行情中，为投资者进行合理的调仓，对股票组合进行改变。可以说投资基金的收益更为长久、更为稳定，所以投资偏股型基金应该尽量减少操作，通过长期慢慢积累的收益达到一个好的回报。股票投资的周期有长有短，但是基金投资的周期是以长期为主的。

2. 挑选老基金和新基金

投资者在挑选老基金和新基金时常会左右为难：认购新基金建仓期太长，但是净值低手续费便宜；而申购老基金净值太高手续费也贵。其实这种想法是因为没有正确地认识基金净值的含义，所谓基金的净值是基金的净资产和基金总份额的比值，根据每个交易日证券市场收盘价计算出该基金的总市值，除以基金当日的总份额，得出的便是每单位基金净值。所以，老基金不存在净值高就缺乏上涨动力，相反基金如果选股不佳的话，净值再低的基金仍能继续下跌。对老基金和新基金的选择主要着重于对短期行情的判断，因为老基金的股票组合已经建仓完毕，而新基金还需要重新建仓。如果近期的行情上涨的话选择老基金更好，但近期的行情为震荡和下调的话选择新基金能以更低的价格建仓。

3. 正确认识基金分红

基金分红是基金公司对长期投资者在不赎回基金的前提下获得现金回报的一种方式，所有的基金分红都会在净值上除权，也就是在原先的净值上减去红利的部分。一个基金的价值不会因为分红而提高，相反频繁的分红或者大比例的分红都会影响基金的股票仓位，这样的分红方式会破坏基金的投资组合，会减缓基金增长的速度。在行情放缓的情况下进行适度的分红才是好基金公司的分红方式。而投资者也不要盲目选择将要分红的基金进行申购，因为分红是无法实现套利的。

基金定投

购买基金的投资者常常左右为难：买，怕买高了被套住；不买，又怕很快涨上去。此时该怎样购买基金呢？这里，专家为您推荐一个简便的方法——基金定投。

基金定投就是投资者每月在相应的账户上存入固定的资金，银行每月就将定时为你申购基金，每月最小定投额度为200元，便于中小投资者持续投资。

（1）选择基金定投，最大的好处是使风险得到有效的均摊。例如：目前股市处于2900点，短期涨跌难测。此时一次性购买基金，承受的风险就比较大。

（2）选择基金定投，如果股市上涨，仍能持续赚。如果下跌，每次购买后，平均成本就比一次性购买低。股市涨回来也能很快扭亏为盈。

基金定投目前在成熟市场相当普遍，但国内投资者采用的不多。其实，投资的时间远比投资的时点来得重要，只要投资时间够长，能够掌握股市完整波段的涨幅，就能降低进场时点对投资收益的影响，享受长期投资累积资产的效果。所以，选择业绩稳健的基金进行定投不失为稳健投资者的理财良策。

办理基金定投，只要选择一家有代销认可基金的银行，提出申请，开通"基金定投"后，银行即可每月定时定额为投资者申购基金了，只要投资者每月按时存钱。

在此提醒一点：由于基金公司不同，其设定的定投最低金额可能也会不同。

基金投资的四个价值点

投资股票，既可以从股票的价差中获利，也可以获取上市公司的分红。但投资基金呢？引起投资者关注的还是基金的分红。

由于基金的业绩与证券市场的关联度极大，基金的业绩也呈现出一定的不稳定性。特别是基金的投资周期较长，短期投资很难得到投资回报。但随着基金产品的不断丰富，投资者对基金产品了解的不断深入，只要在基金投资中做到用心、留心、细心，仍可以像操作股票一样，找到基金投资中的"价值点"。

1. 基金转换投资中的"价值点"

投资者在进行基金投资时，应时刻关注基金净值随证券市场变动的关系，并捕捉基金净值变动中的"价值点"，进行基金产品的巧转换。如当证券市场处于短期高点时（从技术形态上判断），投资者就可以进行基金转换，将股票型基金份额赎回，转换成货币市场基金，从而实现基金的获利过程。

2. 基金申购、赎回费率上的"价值点"

投资者在选择基金产品时，应当就不同的基金产品，针对不同的申购、赎回费率而采取不同的策略，切不能忽略不计。除此之外，在了解各基金产品的费率特点后，应通过基金产品之间的转换达到巧省费率的目的。

3. 场内交易和场外申购、赎回基金产品中的"价值点"

目前的开放式基金产品大多是不可上市交易型的。投资者投资基金只能依照基金净值进行基金投资，而且在时点的把握上和资金的使用上，都受到场外交易条件的限制。即使进行一定的套利操作，也是一种估计。上市开放型交易基金的推出，克服了这一弊端。投资者完全可以通过上市开放型交易基金的二级市场价格和基金净值的变动实现套利计划，为那些进行短线操作基金的投资者提供了基金投资的机会。

4. 基金资产配置和投资组合中的"价值点"

一只基金运作是不是稳健，投资品种是不是具有成长性，需要通过观察和了解基金的投资组合。通过基金的资产配置状况预测基金未来的净值状况，将为基金的未来投资提供较大的帮助。

买基金需掌握六点评估法则

为了更好地从基金产品中优中选优,投资者需掌握一定的购买基金的评估法则,这对投资者购买基金产品是非常有帮助的。以下六种评估基金产品的法则,投资者不妨加以运用。

1. 评估基金的管理人

购买一只好的基金产品,寻找一个好的基金管理人是非常重要的。

2. 评估基金的分红能力

作为一种专业理财产品,基金净值的增长是持续性的缓慢增长,相对稳定的、持久的分红政策,将使投资者的投资权益不断得到体现,从而使基金的投资更加稳健,也有利于投资者树立长期投资理念,更便于投资者从基金的长期投资中获利。

3. 评估基金经理

基金经理的投资行为,直接决定着基金的运作风格,并影响其运作业绩,并呈现不同的收益特点。因此,研究基金产品的运作规律,研究基金经理的投资风格和特点是非常重要的。

4. 评估基金管理人的创新能力

投资者选对了基金管理人,还需要对基金管理人进行科学有效的评估。面对不断细分的基金市场,为取得稳定的客户群,就必须有符合投资者需求的基金产品。而满足投资者个性化需求的正是基金管理人的创新能力。

5. 评估基金的交易成本

作为构成基金交易成本的重要组成部分,包括申购、赎回、转换、托管、管理等费用在内的综合费率较低的基金产品,对投资者来讲,将会有更强的吸引力。因此，投资者在选购基金产品时，对基金产品进行必要的费率结构计算和评估将是十分重要的。

6. 评估基金的持续服务能力

购买一只好的基金产品，还应当有一个好的渠道商的优质服务。基金营销经理的良好服务为投资者提供及时、准确，包括基金净值在内的一切基金产品信息。另外，在基金产品的具体服务指导中投资者将得到有效的咨询服务指导建议。基金渠道商的高附加值的基金产品服务，将消除基金投资中因信息的缺失而带来较多的盲点。

投资基金的经验与教训

2008年5月，老宋去银行取一笔到期的存款，在银行员工的介绍下糊里糊涂地当上了基民。刚开始他什么也不懂，一遇到问题只会在网上发帖子求助，还好总有一些好心的网友帮助他。1年之后，老宋无意中发现自己购买的基金收益超过了20%，大喜过望，一口气又先后追加了几只基金。2011年春节，老宋对自己不满意的个别基金进行了调整，并忍痛赎回了部分基金。在交了大笔的学费之后，老宋发现了学习的重要性，开始恶补关于基金的各种知识。

新手买基金一定要注意以下问题。

1. 加强学习，切忌稀里糊涂

花点时间搞明白了再投资也不迟。不买就来不及了的浮躁心理不可取，头脑发热会影响自己作出正确的判断。贸然进入投资市场，有风险哦！

2. 善于总结经验教训

（1）在申购基金时还是要慎重，不要轻易作出申购决定。投资有风险，入市需谨慎！即使因为自己的犹豫错失良机，也胜过贸然申购被套牢！

选好的基金公司旗下的优质老基金，别怕净值高，因为我们买的是增长率而不是净值。净值低的只是说明同样多的金额拥有的份额多而已。

（2）申购后就先轻易不要动。持有一段时间后，适时选择调仓或者趁优惠时转换或赎回。有些公司同类基金转换是免手续费的，大家可以随时登录公司网站观察动态。

理性看待基金排名

经过几年的发展，中国基金公司数目已近百，各类基金好几百只；在基金持续营销中也出现了拆分、大比例分红、复制基金等创新模式，如此众多的产品和创新方式摆放在投资者面前，难免令没有经验的投资者眼花缭乱，不知从何入手。国内投资者在专业知识缺乏的情况下，最容易犯下的错误是按照短期业绩排名选择基金。

由于基金行业的竞争，每家投资基金每周要公布资产净值，基金评级机构对基金以净值增长率为核心进行评级排名，这种排名往往忽视或未考虑风险因素。短期排名给各基金管理人很大的压力，基金经理不得不关注自己重仓股的短期涨跌，其投资必然受市场氛围的影响，也必然要动摇长期投资的理念，从而为了短期业绩的考核而采用短视的投资策略。

20世纪90年代美国科技股泡沫时期，投资大盘高科技股票基金成为时尚，无论是排名还是评级，这类基金都名列前茅，使基金排名和评级在一定程度上落入某种"陷阱"。许多投资者属于追赶潮流派，而当市场反转时，众多根据排名和评级进行投资的人不约而同地陷入穷途末路。

由于大多数基金成立时间不足3年，因此中国的基金在排名时往往被粗略分成股票型、混合型、债券型等寥寥几类，以半年、1年作为计算区间，排名榜的变化非常剧烈，根本不足以反映基金经理的投资风格与投资能力，也让投资者难以选择。因此，我们建议投资者在挑选基金产品时不要一味地追逐短期业绩排名，而要将基金作为长期投资的工具，选择长期业绩表现优异的基金以理性的心态进行投资。

如何计算基金的总回报

基金到底能赚多少钱？相信这是每个投资人首先想知道的。我们把基金在一定时期内的收益定义为总回报，作为衡量基金以往表现的最基本方法。总回报的来源有两部分：一是收入回报，即基金在一定时期内收到的分红和利息收入，如股息、债券利息和银行存款利息等；二是资本回报，反映基金所持有的股票与债券价格涨跌的幅度。

首先要了解基金的资产净值，这是计算总回报的基础。总回报表现为该时期单位基金资产净值的增长率。

基金资产净值是在某一时点上，基金资产的总市值扣除负债后的余额，代表了基金持有人的权益。单位基金资产净值，即每一基金单位代表的基金资产的净值。

单位基金资产净值 =（总资产 − 总负债）÷ 基金单位总数

其中，总资产指基金拥有的所有资产，包括股票、债券、银行存款和其他有价证券等；总负债指基金运作及融资时所形成的负债，包括应付给他人的各项费用、应付资金利息等；基金单位总数是指当时发行在外的基金单位的总量。

按照公允价格计算基金资产的过程就是基金的估值，这是计算单位基金资产净值的关键。由于基金所拥有的股票、债券等资产的市场价格是变动的，所以，必须于每个交易日对单位基金资产净值重新计算。封闭式基金净值每周至少公告一次，开放式基金每个交易日都要公告净值。

估值方法十分重要。例如：基金所拥有的上市流通证券，如某只股票，是按其估值日在证券交易所挂牌的市价（平均价或收盘价）估值。按平均价估值，基金资产净值的变动受股票价格波动的影响要小一些。

对于开放式基金而言，单位净值是其计价基础，即申购或赎回的价格取决于当日的基金单位净值（一般是次日公布），并加上或扣除相应的交易费用。封闭式基金由于发行规模有限，投资人对基金的需求与供给并不平衡，导致其交易价格高于或低于单位净值，称为溢价交易或折价交易。目前境内封闭式基金普遍处于折价交易状态，折价率约为20%。

例如：某只开放式基金上年年末的单位净值为1元，本年年末的单位净值为1.05元，则该基金在本年度的总回报为5%，计算方法为（1.05−1）÷1=5%。这一计算并没有考虑基金的分红情况和其他费用（申购费、赎回费、管理费、托管费等）。由于费用因素比较复杂，这里仅对考虑基金分红的总回报作进一步分析。

基金通常会把已经实现的收益向投资人进行分配。分红的基础为"基金净收益"，即基金的收入回报和通过卖出证券实现的资本回报，减去依法可以在基金收益中扣除的费用后的余额。按照目前有关规定，分红有两个约束条件：一是基金投资要有已实现的净收益；二是分红比例在一年中不得低于已实现净收益的90%。

对于分红方式，投资人有两种选择：一是分配现金；二是再投资，即将分得的收益再投资于基金，并折算成相应数量的基金单位。

分红后，单位基金资产净值会下降。假设分红前单位净值1.06元，单位分红金额0.05元，则分红后单位净值降至1.01元。

考虑了分红因素后，我们再来计算总回报。

总回报 =（Ne ÷ Nb）×（1+D1 ÷ N1）×（1+D2 ÷ N2）× ⋯ ×（1+Dn ÷ Nn）−1

其中：Ne 和 Nb 分别为期末和期初单位资产净值；D1、D2、Dn 分别为第 1 次、第 2 次、第 n 次单位分红金额；N1、N2、Nn 分别为第 1 次、第 2 次、第 n 次分红后单位净值。

以前文所举的例子，如果该基金在本年度进行了两次分红，第 1 次分红前的单位净值为 1.06 元，每基金单位分红 0.05 元，分红后单位净值 1.01 元；第 2 次分红前的单位净值为 1.08 元，每基金单位分红 0.06 元，分红后单位净值 1.02 元。

总回报 =（1.05 ÷ 1）×（1+0.05 ÷ 1.01）×（1+0.06 ÷ 1.02）−1=16.68%

Chapter 09
聪明人如何投资房地产

房地产作为一种古老的投资工具,长久以来一直受到人们的偏爱。而住房作为房地产的重要组成部分,因其特殊的性质——消费和投资双重性,使得无数投资者将资金注入其中,有的因此成为巨商富贾,也有的因此而折戟沉沙。但有了钱之后,置地购房,仍然是人们普遍接受的一种投资方式。

与投资价格瞬息万变的资本市场相比,房地产投资不仅具有保值功能,而且也能充分发挥资金的杠杆效应,规避通货膨胀的风险,成为一项省时、省心、风险也相对较小的投资。

为何房地产投资吸引人

没有人能逃避衣、食、住、行的需求,随着物质基础的提升,人们对衣服、吃饭、住房、交通工具的要求都会不断提升,所以这四个产业是永远会存在的,是真正的"实业"。

随着我国人口的高速增长,大城市的人口越来越集中。中国的城镇化进程正是热火朝天的时候,城镇的有限土地资源就显得更值钱了。房地产能够抵消通货膨胀带来的负面影响:在通货膨胀发生时,房地产也会随着其他有形资产的建设成本不断上升，房地产价格的上涨也比其他一般商品价格上涨的幅度大。因而，投资房地产成为人们的首选。

如今，在身价百亿的超级富翁中，90%是房地产的拥有者。无论是在美洲、欧洲，还是在日本、中国香港，这些富翁是拥有大量财富、土地的家族。无论是社会动荡还是政府更替，甚至战争，他们的财富拥有量似乎都不变。

拿名列港澳地区十大首富榜首的李嘉诚来说，他既是长江实业及和记黄埔有限公司主席，也是名副其实的地产大王，他从地产业发迹，最终成为压倒群雄的"地产界巨子"。

有"中国电影大王"之称的邵逸夫爵士，财产遍及美国、加拿大及东南亚。他这样谈及自己的致富之道："我的财产主要来自购入的地皮升值，我买戏院时，总会买下附近的地皮，戏院带旺附近区域后，买入的地皮便会大幅升值。"

靠黄金珠宝业起家的郑裕彤，成为超级巨富，仍是离不开地产。他对投资珠宝和地产津津乐道："凡与民生有密切关系的生意都有可为，女人喜爱珠宝，举世皆然；人要住屋，年轻人成家后喜欢自辟小天地，对楼宇便有大量需求，做这些生意不会错到哪里。"

在现阶段的国情下，房地产投资让许多人着迷的突出的原因之一，就是可以用别人的钱来赚钱。我们大部分的人，在购买房屋时，都会向银行贷款，越是有钱人，越是如此。同时，由于房地产投资的安全性和可靠性，银行也乐意贷款给房地产投资者。

没有人可以长期成功地预测投资市场，但投资市场往往能够集中反映大部分投资者的投资方向。房地产市场也不例外。

投资房地产的优势

1. 在经济增长的前提下,房地产价格具有不断增值的趋势

中国未来房地产市场的主导趋势将会供不应求。究其原因,主要有以下几点:生活水平的提高;城市经济的发展;人口的集聚。房地产投资之所以受人青睐,重要原因之一是盈利率高,无论什么人投资于房地产,都有可能获得巨大的利润。

但是要注意,并没有只涨不跌的房地产市场。如果经济增长的前提不存在,那么支撑房价的背后力量就会消失。毕竟在市场经济中,房子无法脱离商品的属性,下跌和波动是不可避免的。

2. 房地产盈利率高

房地产盈利率高,是因为土地普遍具有稀缺性,土地对人类而言是极为宝贵的资源,土地供求矛盾的日渐尖锐,使得土地的潜在升势变强。虽然我国房地产业几度风雨、几经冷热,房地产价格的总趋势仍是不断上涨的。严重的投资失误在一般情况下是不会出现的,所以投资房地产应该会收益颇丰。即使你买下房地产后,房价下跌了,但由于房地产价格的总趋势是上升的,只要你有足够的忍耐心,相信总有一天会获得丰厚的利益。

3. 房地产有耐久的使用性

耐久的使用性倍增投资房地产的保险性,只要不出现毁灭性的自然灾害和意外事故,房地产作为不动产不会一夜之间化为乌有。企业破产了,房地产仍在,可以用来抵债;当不幸遇到外商诈骗逃走时,房屋土地不能带走,这就是一笔财富;老百姓买下了房地产,即使经济持续不景气,房地产仍有其利用价值,房屋可以住、可以租、可以卖,总之,不会一文不值,

其投资不会血本无归。

4. 分散风险

房地产的收益率与空置率、经济周期有密切的关系，但空置率和经济周期波动在不同国家和地区是不同步的，或者说它们之间的联系度也是比较低的。比如，北美、亚洲和欧洲三大经济区在过去25年里的GDP增长率相关性仅为0.26，选择全球化房地产投资战略就像将"鸡蛋放在不同的篮子里"。在国内，全国各地的房地产价格不可能完全一致，各地房价之间毫无参考可言。即便在同一城市，不同地段的房价也相差甚远，黄金地段的房地产可能爆出天价，而地理位置相对较差的房地产可能无人问津。需求大则房屋售价就高，这给那些独具慧眼的有心人提供了高盈利的机会。由此也可以避免由区域经济不景气而对房地产的影响，从而使风险分散，获得稳定的收益。

5. 投资种类丰富、市场广阔

这种特点，有利于资产优化组合。新兴市场的国家和地区与成熟发达的国家和地区，都被国际房地产市场所包含，不动产的种类繁多，包括仓储、工业、厂房、住宅、办公楼、商业门市等，投资产品也极其丰富，既可以用直接投资兴建、收购方式拥有不动产，也可以用房地产信托投资基金方式获得所有权，丰富的投资产品和广阔的市场，为获取国际资本优化资产组合，提供了最大利润上的便利。

投资房地产的弊端

1. 投资额大

"有钱炒房地产，没钱炒股票。"这句话从侧面反映了房地产投资额大这一特点。买邮品、买股票投资数额可多可少，弹性较大，房地产则不同，最便宜的房地产也要十几万元，几十万元、上百万元的房地产非常普遍。由于房屋价值大和生产周期长，致使要投资房地产，就必须具备足够大的投资资金。

2. 变现能力差

所谓的变现能力，是指通过出售房地产，把房地产转化为现金这一过程的难易程度。一般房地产须持有一个合理的时间后，可寻找适当时机和最佳售价在房地产市场出手，把投资的房地产转换成现金。但由于房地产价值量大，要经多次交易才能脱手，因此变现能力差，想在短期内变为现金几乎不可能。为了能迅速售出房地产，就要使其售价远远低于公开市场价格，这可能导致投资者的巨额损失。所以，在投资房地产之前，要对房地产变现能力差这一特点做充分的了解。

3. 投资风险大

风险，即遭受损失的可能性或者不确定性，这一点是针对未来而言的。任何投资都有风险，按照经济学理论，风险的大小和获利水平的高低一般来说成正比，盈利率高则风险大。业内人士公认，房地产投资资金数额大、占用时间长、变现能力差。从这个角度讲，房地产投资风险仅次于股票投资风险。放眼世界各地，房地产市场都很活跃，而且波动又较大。所以，发达国家及我国每年都有相当数量的房地产企业破产。房地产投资风险多种多样，十分复杂，对中小投资者来讲，主要包括：利率风险、变现风险、经营风险、购买力风险、意外事故和自然灾害风险。如若投资者在近期内也想跻身到房地产投资者的群队中，一定要记住不能只盯着收益，而忽略了各种投资风险。

4. 运作难度大

投资者在投资房地产之后，不管是租赁还是买卖，都要花费大量时间和精力来管理。因为房地产投资与其他投资有所不同。

（1）房地产投资出于物价、税收、维修、环卫、工商、消防、行业管理等的需求，要和很多部门打交道，甚至还要处理一些意外事故。

（2）房地产业涉及方面广，与多种行业密切相关，如市政、金融业、建材业、自来水供应业、建筑业、邮电业、园林等。这些行业与房地产业共同发展、互相依存，所以，作为投资者必须要密切关注这些行业的动态。

（3）房地产业涉及多种专业知识，是知识密集型的行业。投资房地产涉及社会、法律、气象、地质、市场和管理学、建筑学、心理学、经济学等方面的知识。

住房投资的六种模式

随着住房制度的改革和福利分房的取消，住房消费已成为城镇居民消费的首要选择。在住房消费的广阔市场中，住房投资应运而生。如何选择适合自己经济状况的住房投资很重要，一般来说，目前有以下几种住房投资模式。

1. 直接购房模式

住房实物投资属于直接投资，即投资者用现款或分期付款的方式直接向房主或房地产开发商购买住房，并适当装修、装饰后，或出售、或出租以获取投资回报。这是一种传统的投资方式，也是住房投资者目前最常用的一种方式。

2. 合建分成

合建分成就是寻找旧房，拆旧建新，共售分成。这种操作手法要求投资者对房地产整套业务相当精通。目前，不少房地产开发公司都采用这种方式开发房地产，只是规模不同。另外在合建方式上也存在多样性。

3. 以旧翻新

即把旧楼买来或租来，然后投入一笔钱进行装修，以提高该楼的附加值，再将装修一新的楼宇出售或转租，从中赚取利润。采用这种方式投资商品房时应注意：尽可能选地段好、易租售的旧楼，如在学校、单位附近的单身公寓就极受欢迎。

4. 以租养租

以租养租就是长期租赁低价楼宇，然后不断投升租金标准的方式分期转租，从中赚取租金差价。以租养租这种操作手法又叫当"二房东"。有些投资人，将租来的房地产转租获利相当丰厚。如果投资者刚开始做房地产生意，资金严重不足，这种投资方式比较合适。

5. 以房换房

以房换房就是以洞察先机为前提，看准一处极具升值潜力的房地产，在别人尚未意识到之前，以优厚条件采取以房换房的方式获取房地产，待时机成熟再予以转售或出租从中牟利。

6. 以租代购模式

所谓以租代购是指开发商将空置待售的商品房出租并与租户签订购租合同。若租户在合同约定的期限内购买该房，开发商即以出租时所定的房价将该房出售给租住户，所付租金可充抵部分购房款，待租住户交足余额后，即可获得该房的完全产权。这种方式发源于广州、上海等经济发达地区，虽然是房地产商出售商品房的一种变通方式，但对消费者来说，也不失为一种当家理财的好方法。

哪些情况适合租房

在一些发达国家，长时间租房住的人也非常多。在他们看来，病了有医疗保险，老了就住到养老院去，能享受的就尽情享受，何必为了一套房子累死累活？

时下，不少人对租房的认识存在一定的误区，总认为租房花了钱到头来房子还是人家的，自己仍是"一无所有"。事实上，结婚前耗费数十万元、上百万元买了房，不过是将未来几十年租房的钱，集中在短期内支出而已。打个比方说，一套总价100万元的商品房，不考虑利息成本，就按70年计算，再加上物业管理费，平均分摊到每年的花费在1.8万元左右，每月就是1 500元。

倘若拿这笔钱租房，尽管从表面上看，租上10年，付出18万元，房子还不是自己的，似乎很不划算。但假如在租房的10年中，出现比目前房价水平下跌20%的情况，目前100万元的房子就便宜了20万元，这租房的10年就等于白住了。再说，这100万元在10年内还可以找个银行理财品种，以年收益5%计算，10年可获利50万元，足够付租金。更重要的是，10年以后造的房子肯定比现在的好。

租房，不仅是一种生活态度，也是一种理财之道。住在别人的房子里，用手头的钱做自己想做的事。"生活，不应该被房子困住。"

吴小姐在媒体行业工作，男朋友是高校教师。她刚参加工作1年，两个人月收入加起来约5 000元，年终奖共约15 000元。他们在江苏省昆山市租了一套小住宅，月租750元，加上生活费，每月需支出2 000元左右。此外，近3年妹妹读大学，每月平均约需寄给她2 000元。

他们现有存款 40 000 元，希望能尽快购置一套房子自住，要咨询的是，现在是否具备买房的财力？要买的话，应采取哪种贷款方式？买什么样的房子比较合适？

一位资深理财师认为，吴小姐刚工作不久，和男朋友关系较稳固，收入尚可，但根据她的具体情况，现在买房不是太合适。主要原因是：目前她的现金流太少，如买总房价 40 万元的住房，首付款至少需 8 万元，手头 4 万元存款不够支付按揭首付款及装修款；采用等额还贷方式，20 年期 32 万元贷款，月还款额约为 2 000 元，压力过大；投资渠道少，资金收益率低，剩余资金躺在银行里，没有发挥到最大效用。

理财建议是：未来 3 年还是继续租房为好，将剩余资金根据风险偏好进行合理投资，可投资股票型基金、货币市场基金、信托产品，以期获得较高收益；3 年后，累计积蓄可达 13 万元左右［（1 000×12+15 000）×3+40 000+ 部分升值收益］；考虑到吴小姐年收入有相当上升空间，届时可根据情况购买市中心的中小户型住宅（包括二手房），面积在 60~80 平方米，男朋友是高校教师，可申请公积金住房按揭贷款，贷款利率相对较低。

另有新婚 1 年的一个小家庭。张先生 30 岁，是医院的医生，张太太 28 岁，是同单位的护士。夫妻两人收入稳定，分别是 5 500 元和 3 500 元。每月家庭支出也比较稳定，在 4 000 元左右。由于小家庭建立不久，所以只有 3 万元的活期储蓄。夫妻两人现在居住在张先生父母早期准备的旧房里，市价 40 万元。张先生家庭年收入 10.8 万元，年支出 4.8 万元，每年可结余 6 万元。由于支出比例合理，张先生家庭有较高的储蓄率，为 55.6%。但家庭资产有限，且缺少合理的投资渠道。夫妻俩想换一套附近的商品房，考虑在 100 万元左右。但张先生预计房价会下跌，考虑是否先租房，等房价下跌后再买房。张先生夫妇没有投资理财经验，也没有购买过保险。于是想咨询有经验的理财师，帮助他们的小家庭做一个长期的合理规划。

根据张先生的家庭特点，理财师给出了以下的建议。

首先，张先生应给全家留出必要的家庭准备金，一般是月支出的 3～6 倍，建议保留 1.5 万元的活期存款，其余的另做他用。

其次，从国家的政策调控来看，张先生对于房价的顾虑是有一定道理的。如果现在张先生立即卖出旧房，购置新房，考虑到 10 万元左右的装修费用，则新房首付 30 万元，其余 70 万元可以使用公积金和商业组合贷款，其中公积金采取足额贷款，以 20 年为例，则每月需还款 4000 余元，对于张先生这样的新婚家庭而言是一笔沉重的负担。而且，还影响到日后的子女规划。因此，建议张先生先卖出旧房，采用租房的形式，等房价有所下跌后再购置新居。

对于张先生卖房所得款项 40 万元中的 33 万元可用于购买收益相对稳定的债券型基金，根据现在的市场情况，预计年收益率为 10%。这样，两年后可用于支付购置新房的首付款，大约是 40 万元。由于房价下跌为 90 万元左右，因此张先生只需选择 50 万元的公积金和商业组合贷款，其中公积金采取足额贷款，同样以 20 年为例，每月只需还款 3000 元左右。

选房要会"望、闻、问、切"

选房是一个非常个性化的过程，但也存在某些共性。归纳起来，就是要做到"望、闻、问、切"，不断地察看房子的里里外外，千万不能急于求成，妄下判断。

1. 望

多了解市场行情。首先，最起码要了解房价走势以及热点区域。例如，自己所在的城市近期房价涨跌势如何，哪些区域涨跌快些，哪些区域慢些，哪些楼盘卖得火。其次，对一些大的开发商和项目要有所了解。一般而言，品牌开发商的项目品质会比较有保证。再次，至少要学会看楼书、沙盘、看户型图、样板间，这样才能用更专业、更实用的眼光去看房。

2. 闻

有空多跑售楼处。跑售楼处有一个好处，就是可以知道这个项目大致要多长时间竣工，现在进展到什么阶段，以及周边的交通配套等情况。一周跑上两三家，一个月就是 8～12 家，这样货比三家，最后所做的决定就会更准确，至少不会太离谱。通过多种媒体掌握信息。平时多看报纸、多上网、多接触电视及户外媒体的楼宇广告。即使没时间跑售楼处，从媒体上了解项目信息也是个好办法。在资讯高度发展的今天，房地产已是媒体资讯和广告的重要支柱。通过媒体一方面可以掌握楼市宏观的发展形势，较准确地判断其下一步的走势；另一方面多数楼盘都会通过媒体做广告，投资者可以从各类媒体中了解大量的楼盘信息。

3. 问

善于在售楼处提问题。当投资者选定中意的楼盘，来到售楼处，面对热情似火的销售员时，务必要保持冷静的头脑。在售楼处应尽可能多地提出疑问，包括楼盘的销售方式、具体价格、入住时间、入住条件、车位、交通、配套、公摊、户型、物业，等等，不能错过每一个细微的问题。

4. 切

到实地进行考察。百闻不如一见，了解的信息再多也不如到实地走走。考察的内容包括内、外两方面。内，就是居住区以内的交通、配套、户型等，并具体到房子的防水、墙角、室内装潢和做工、采光、墙体、插座、厨房卫生间等细节的问题。外，就是居住区以外的交通、教育、医疗、商业、娱乐等配套，甚至包括居住区到上班地点的距离。这些都要自己亲临现场才能知晓，而不能听开发商的一面之词。

作为地产投资者，不论投资能力的大小，都要精挑细选，慎而又慎。如同任何投资一样，盲目跟风是大忌。

哪些房子更有升值潜力

未来有没有升值潜力是房地产投资者首先考虑的问题。而影响房子未来升值的一个重要因素就是其所处的地段位置。即指房地产的具体空间区位，既包括房地产本身的所在位置，也包括周围环境即相邻地区的自然环境、生态环境和经济社会文化环境等。地段位置是决定城市地价的最重要因素，从而决定了房地产价格和升值空间。

对于个人房地产投资者来说，在选择地段位置的时候，应着重考虑地段位置的未来变化趋势，而不应该是地段位置目前是否优越。在寻找最具有升值潜力的地段时，首先要认真鉴别某地段是否具有升值潜力和投资价值，避开眼前的几个陷阱去选择未来。

不要选择寸土寸金的地段。能在寸土寸金地段置业当然不是件坏事，但是寸土寸金地段未必具有投资价值。过高的地价，会使房地产等相关成本过高，升值的空间相对来说并不大。

不要选择城市的中心地段。就我国近二十几年城镇建设变化趋势来说，城区内最具有升值潜力的地段已不全是城市中心区域。因为，城市的中心地段往往是老城区，房屋多是十几年前、几十年前所建，其面积、结构、样式以及辅助设施等都显得陈旧、过时，原有功能退化。城市的中等收入以上的居民，多数都已迁往他处，因此，城市中心地段的房价相比较反而呈下降趋势。

不要听风就是雨。城市的规划、拆迁、改造、新建等活动，会牵动很多人、很多集团的利益。市政当局每决定对一处进行变动时，都会有很多利益集团直接或间接参与博弈，从最初设想到政策正式出台，期间变数很大。因此，作为个人房地产投资者，千万要谨慎行事，待正式的文件出台后，再做决定。不要听风就是雨，被小道消息及社会传言所蒙蔽，认为机不可失而慌忙投资，结果正中了别人的圈套。

那么，哪些地段位置的房地产具有较大的升值潜力呢？通常情况下，以下四类地段的房地产未来升值空间比较大。

（1）名校周边的房地产。我国绝大多数城市都实行就近入学的政策，因此，在独生子女占据家庭中心地位的今天，孩子的前途高过家庭一切，辖区内如果有市属或区属重点，甚至是准重点的幼儿园、小学、中学等，自然都会成为一个重要卖点，吸引相关家庭入住。地段位置如果正好在重点小学和重点中学的生源辖区内，房地产的升值潜力将会更大。

（2）地铁沿途的房地产。城市越大，交通问题越令政府头疼，越让市民不满。因此，便利的交通条件不能不说是个较好的卖点。对市民来说，城市地铁具有安全、舒适、快捷、节俭、方便以及客流量大等优点，所以，地铁线路（包括规划中的和正在建设中的）显然会对沿途房地产价格上扬起到拉动作用。

（3）已逐渐形成的成片小区。房地产的升值是个动态过程，周边建设发展状况及趋势，对房地产价值的升高起决定性的推动作用。最初，某个房地产公司，在郊区或老城区开发一处房地产，虽然地价相对便宜，因为人气不旺、配套设施暂时跟不上、使用价值不高，故而短时间内很难升值。对个人投资者来说，比较合宜的投资时间是市政当局已经完成规划，具备了基本的交通条件（路通、有公交车路过），供水、供电等设施已经完成，多家公司正积极地投资开发，工商企业已经开始落户，小区规模正逐渐形成之时。这时候开始进行投资购房，随着小区内和周边生活配套设施的增多，如商场、饭店、宾馆、医院、邮局以及教育文化等机构的入住，住宅和商铺的价格将会逐月增高。

（4）银行营业网点的储蓄存款快速增加的地段。对个人房地产投资者来说，地段位置是否优越、是否具有升值潜力，地段内的银行营业机构的个人储蓄存款增长幅度的大小也是一个重要标志。相比之下，某一地段的储蓄所存款能够连续几年以较大的幅度稳步增长，说明该地段一是高收入家庭相对集中，二是单位（机关、学校及工商业机构）和住宅布局较为合理。"物以类聚，人以群分"，像这样的地段，自然会吸引更多的中高收入家庭入住，从而抬高地价。

正确判断房地产的未来价值是房地产投资成败的关键。要抓住这个关键，就必须挑选未来具有发展潜力的地段位置，并果断出手。

哪些房地产是投资"雷区"

房价的快速上涨，吸引着更多的人投身于房地产市场。但是，投资者在看到巨大收益的同时，也要看到巨大的风险。房地产是一种不动产，所以投资于房地产中的资金流动性和变现性较差。由于房地产投资周期较长，占有资金较多，因此投资于房地产，还需承担因经济周期性变动带来的购买力下降的风险。

另外，房地产业是涉及有关专业知识最多的行业，一不小心，便有可能踩中地雷。因而，千万不可只看到诱人的蛋糕，一时冲动，误踩入"雷区"。

"雷区"一：宏观政策变化的不确定性。

房地产市场历来容易受到各种市场政策导向的影响，从而造成很大的周期性波动。政策的不确定性也给房地产投资带来极大变数。

例如：国家提高首付款比例的政策，就会对房地产投资造成很大影响。假设一个精明的房地产投资者手里有 100 万元想投资，按照原来首付 20% 的原则，他可以买到 10 套 50 万元的房子，其他的钱由银行贷款解决，赚取的是 10 套房子的利润。在利润上升的同时，他的投资风险也被巧妙分散到 10 套房子那里，这样就是"鸡蛋被放在不同的篮子里"，投资成功的可能性显然大大增强。何时而言，他可能只买到 8 套的房子，收益降低，杠杆效应减少，投资风险会相应增加。

避开"雷区"的策略：积极关注政策面的变化，适当收缩战线，集中资金于 3~5 套有较大潜力的房地产，这样虽说收益减少，但也有效地降低了风险。

"雷区"二：城市规划的风险。

一个城市的整体规划对房地产投资有直接影响，尤其在目前大搞城市建设以带动内需的情况下，稍有不慎便有可能踩到"地雷"，遭受巨大损失。

例如：刘女士通过房地产中介看中一处二手房，不管是价格还是地理位置都比较满意。房地产中介说户主出国急需用钱想赶快转让，于是刘女士便以 43 万元买下。没想到 3 个月后，就有拆迁公司上门说此房属城市改造拆迁范围，要在 2 个月之后拆掉。刘女士后悔万分，最终只拿到 37 万元拆迁款，自己白白损失 6 万元。

避开"雷区"的策略：注意媒体上有关城市建设方面的信息，登录当地政府城市规划部门的网站，了解城市规划动态，小心决策。

"雷区"三：地产开发商的圈套。

在个人房地产投资的过程中，许多纠纷的产生都是由于地产开发商设置了圈套，最终让购房者吃闷亏。例如：不法房地产商会在合同里玩花样，最常见的是将"订金"变成"定金"，有时还会在合同里故意空出一些条款不填，利用购房者不熟悉法律的弱势，使房地产投资者吃亏上当。

避开"雷区"的策略：投资者在购买房地产时要尽量找那些诚实守信，有良好品牌形象的房地产商。

对于购买过程中的陷阱，房地产投资者不妨借借"外脑"。在购买过程中多咨询些房地产法律专业人士，必要时聘请专业法律人士陪同购买，识别出合同和交易过程中的"地雷"，避免中了地产商的圈套。

"雷区"四：远期支付能力的风险。

对于按揭购房的投资者来说，必须要对自身远期的支付能力作出准确的判断。如果判断失误，出现意外情况，则房子就有被银行收走的风险。

工作两年的王先生看中了一家商铺打算投资。同类店面的租金每月能达到3000元，照此计算，除去每月的银行按揭贷款，3年就能收回投资。没有积蓄的他利用银行贷款买下了这间商铺，首付款也是向朋友借的。可是，没过1个月，商铺前面的马路由于修地铁而开始施工，客流量大幅降低，店面租金也随之暴跌。据说这个工程将持续1年以上时间。

王先生不但无法按期归还银行贷款，更无法归还朋友的借款，店铺还有可能被银行收走。万般无奈之下，王先生只好将店铺转让他人。这一来一去，损失了3万多元。

王先生之所以投资失败，就在于他对未来估计过分乐观，没有考虑到相应的风险，而自己没有积蓄，抗风险能力极差。

避开"雷区"的策略：个人房地产投资者必须慎重决策，把预期收入的估计建立在较切合实际的基础上，并留有资金余地，从而使自己的买房和房贷按揭额决策建立在有能力的偿付基础上，以便可以从容还贷，规避房贷风险。

投资房地产，精品才抗跌

大家都希望自己买的房屋不轻易跌价。可是，哪些房子才抗跌呢？哪些房子才是城市的黄金不动产呢？这是很多人都会问的问题。众多房地产开发公司及中介代理公司得出的结论是：大家都认为价格合理、户型独特、产品稀缺、地段良好的房地产，才是保值且抗跌的房地产。总之一句话，精品才抗跌。

任太太是位专职家庭主妇，丈夫是阔绰的建筑承包商。就在中国内地楼市还在狂涨的时候，她却已经把投资目标转到境外的房地产。通过房地产中介，她投资了澳门地区一处90多万澳门币的房地产，现在这处房地产已经升值到130多万澳门币，任太太对这个结果相当满意。

她之所以想到"逆势"在澳门买房，无非是感觉在中国内地买房贵，市场的盈利空间不大，而澳门是个国际性大都市，前景看好。果然，此后中国内地多变的房地产新政让任太太这样的投资客倍感庆幸。现在，她想再投资一套价值百万余元的高档物业，并且还打算去考察一下香港地区的房地产市场，然后制订投资计划。

最近，任太太正忙着去澳大利亚的事情，当然，绝不是去旅游观光，而是去考察房地产市场。她认为去澳大利亚投资房地产有很多优势，而且澳大利亚是全球房价较稳定的国家之一，投资安全系数很大。

任太太认为，各个投资领域都有可能涨涨跌跌，但是只有投资精品才有抗跌性，如果投资中只图便宜买"处理货"，可能市场稍微有点小感冒，它们就会夭折。她的经验是，一般情况下，中心地段和成熟社区的楼盘都具有很强的抗跌性。

抗跌楼盘一般社区比较大，入住率高，交通便利，周边银行、商业、教育等配套设施非常完善。建在都市核心区的精品豪宅也具有非常强悍的抗跌能力——位于最显赫的中心位置，拥有顶尖的城市配套资源和便捷的交通，设施豪华，行政中心、交通中心、市民活动中心、城市地理中心也坐落于此，地理价值，无可匹敌，由此造就了强悍的抗跌能力。

"房奴"如何理财还贷

买房贷款占到收入四成以上的"房奴"们，在职场上也开始渐渐丧失了冒险精神。为了确保有稳定的收入可以还贷，他们害怕降薪、跳槽、失业，让职业发展陷入困顿。

买房不应成为个人职业发展的阻碍和负担，所以，积蓄不多打算贷款买房者尤其要注重将职业生涯规划和买房投资理财规划两者相结合。

"我的新房除了一张床和桌子，还有做饭需要的锅碗瓢盆以外，什么电器都没买。"胡小姐说起近1年时间的"房奴"生活，显得十分无奈。

2004年，刚毕业两年的胡小姐来到东莞，在一家公司从事平面设计工作，月薪2 500元。不久后，她拿出工作两年多的所有积蓄，首付近3万元买下了一套小户型的精装房，房贷期10年，月供1 400多元。"当时想着工资省着点花，总比租房强，找机会再换份收入高点的工作。"

然而，胡小姐没多久就发现，跳槽远不是她想的那么简单，在东莞有一定工作经验的平面设计师，收入一般在2 000～2 500元之间，部分大型企业或知名广告公司可以达到3 000元以上，但对资历各方面要求较高。以胡小姐目前的情况，要在短期内找到一份收入有大幅提升的工作显然比较困难。

胡小姐一直抱着"骑驴找马"的心态，对当前的工作不但没有了兴趣，甚至充满了厌烦的情绪。这种消极疲惫的状态被老板掌握，随后老板将她调到公司的另一部门任职，虽然工资没有太大的变动，但是工作变得更加繁琐和忙碌。

即便如此，胡小姐也不敢再像以前那样随自己的性子，更不敢辞了工作再慢慢找合适的工作，因为每个月的房屋贷款还有水电费、物管费，就像孙悟空头上的金刚箍一样牢牢套住了她。

事实上，如今有着和胡小姐类似经历的人不在少数，本该属于年轻人的洒脱岁月，几乎因为房屋贷款而变得负重难行。他们不但拼命加班工作，而且在公司总是谨小慎微，降薪、失业成为他们最大的恐惧；他们甚至不敢轻易跳槽，因为一旦出现职业空档期，压力就更加沉重。

按照通行的说法，"房奴"是贷款买房月供超过正常支付能力，从而导致生活质量下降，沦为房屋"奴隶"的一类人。有数据表明，近60%的人通过贷款买房，大部分人贷款后就感觉成了"房奴"，压力很大。

很少有人会把买房和个人职业规划结合起来，往往在没有认清自己所处的职业阶段时，为了追求一种安全感，以买房来确立人生方向的这类人群，最容易成为"房奴"一族。这一群体在不断妥协中以求稳定，经常会错过一些晋升、跳槽的良机，房贷压力在一定程度上限制了其职业发展，在不知不觉中，这些人也由"房奴"变成了"工作奴"。

职业发展方向尚不清晰、随时可能跳槽、甚至不知道自己下一步将在哪里的人，匆忙买房的风险会比较大。

银行方面的专家提醒背负房贷重担的置业者：贷款利率比存款高得多，而且贷款利息是硬性支出，因此"负翁"们其实更需要理财。如果能合理安排支出，"房奴"也能翻身做"主人"，减轻压力。

1. 选准银行

跟其他金融产品相比，房屋抵押贷款风险小，利润高，目前已成为各大银行的"兵家必争之地"。

各家银行之间，为争夺房贷客户，常常推出一系列优惠措施，缓和矛盾。值得一提的是，目前市场上的房贷产品个体差异较大，置业者可根据自身需求来选择银行及其房贷产品，以减轻还贷压力。

2. 进行理财规划

许多人认为每月的工资扣除房贷和日常生活开销之后所剩无几，除了存进银行没有别的选择，事实上，如果对剩余的资金进行合理的理财规划，房贷的压力在一定程度上是可以减轻的。

对于每月固定收入的工薪阶层，投资一些风险低、回报相对存款利息要高的理财产品也可以减轻不少房贷的压力。如人民币理财产品、货币市场基金、债券基金和保本基金等，投资这些理财产品本金较安全，虽然给出的收益率都是预期收益率，没有绝对的保证，但实际上收益率波动范围并不大，而且要比银行存款利息高。

3. 出租转移压力

购房本是件令人愉快的事，但如果因此让你的生活质量下降、居住空间浪费、职业发展受限，不妨选择将房屋出租转移压力。倘若自住房的资金明显高过普通住宅的租金，可以考虑将房子出租，以暂时的牺牲为未来的生活换得更为广大的空间。

另外，考虑到小家庭以后还需要"添丁进口"，不妨将不堪重负的大房子出售，再购买一个适合自己的小户型居住，提升家庭的生活品质也未尝不是一个实用的办法。

4. 买房要和职业发展规划相结合

究竟在什么样的职业发展阶段买房才合适呢？如何处理买房和职业发展两者之间的关系呢？

根据职业生涯理论，25岁之前是职业探索期，不稳定因素居多；25～30岁是职业建立期，在工作中不断调整自己的职业定位；30岁以后，职业发展基本形成，具有一定的事业和经济基础。对于一些职业发展方向尚不清晰、随时可能跳槽，甚至不知道自己下一步在哪里的人，若匆忙作出买房决定，风险将会比较大。

一种情况，建议如果尚未买房的青年，不妨先制定一项详细的个人职业发展规划，在此基础上确定一个事业发展方向清晰、综合状态较为平稳的时期再买房，如果在未来几年有跳槽计划，也可以根据职业规划提前进行资金储备，由此规避将来因失业或跳槽带来无力还贷的风险。

另一种情况，针对已经买了房，而且开始因不堪房贷压力出现"工作奴症状"的人群。这些人此时应该对此做一个评估，以事业发展作为立足点，考虑清楚买房究竟是为了什么。房子只能作为事业发展的一个副产品，而不该成为束缚职业发展的绊脚石，如果房子让生活质量下降、职业发展受制，不妨选择将房屋出租等方法来转移压力。

买期房怎样付款合算

1. 灵活运用支付一些定金的方法

将在图纸上看中的某一套、甚至几套期房，用一个初步协议向开发商进行预订，在此时期尚不能签订正式的购房合同，故开发商只是要求预订者交付每套1~3万元不等的定金，这些定金若在签订正式购房合同前放弃预订则将全额退回。虽说定金一般都是不计付利息的，但由于离正式开盘的时间一般不会太长，如果能够就以这极少的一点利息损失换取订到一套环境、套型、朝向等都极其理想的期房应是非常幸运又合算的，因为只有理想称心的房子才能为今后大半辈子的居住、增值带来莫大的欣慰和实惠。

2. 选择一次性付款方式的方法

在选准开发商的前提下应选择一次性付款方式,在付款期的最后几天内付款,并尽量留 5%~10% 的待付尾款。

一次性付款具有以下优势:

(1)因一次性付款的期限一般为 1 个月,在这个期限内早点晚点付款都是一样的,则可以不妨迟点取出存款或借款,在付款期的最后几日内才动用资金;

(2)对于一次性付款,大多数的开发商还允许购房人留 5%~8% 的待付尾款,可待期房竣工交付钥匙时才全部付清,购房者不妨进行些公关活动争取多留些待付尾款。

3. 科学运用存单、国债质押贷款融资付款的方法

购房款当然要首先动用存款、国债等自有资金进行支付,但问题是不少居民持有的定期存款和国债中有很多是在早几年高利率时期存入的,即使近几年存(购)入的定期存款与国债,如此时存期已经过了大半,若提前支取均会造成较大的利息损失。考虑到所购期房距交付使用还有较长的一段时间,这时候你不妨用存单(含凭证式国债)向银行申请抵押贷款来进行短期融资,银行将向你提供该存单面额 90% 以上的抵押贷款,待存单到期后所得利息在扣除抵押贷款利息后,将足以超过提前支取所得的活期利息。

4. 申请个人住房公积金和银行住房按揭贷款融资付款的方法

若动用自有资金付款仍有一定的资金缺口,购房者可以向银行申请个人住房贷款,但要注意把握以下两个要点。

(1)要根据贷款可能性来科学选择房贷品种。从贷款利率上看,个人住房公积金贷款的利率最优惠,银行个人住房按揭贷款利率次之。故只要是及时足额缴纳公积金的职工,均应首先申请自己所可以得到的最大额度、

最长期限的公积金贷款。无缘申请个人住房公积金贷款的人，可以用所购期房作抵押、或有足够代偿能力的单位与自然人作担保，向银行申请一定额度与期限的银行个人住房按揭贷款。

（2）要根据今后是否提前还贷来科学选择月还款方式。目前银行主要提供等额本息还款法和等本不等息还款法两种方式。

以向银行借 10 万元 10 年期的个人住房按揭贷款为例，前一种方式共需还借款本息 130 704 元，月还款额均为 1 089.20 元。后一种方式共需归还借款本息 127 950 元，第 1 个月还款额为 1 298.30 元，其中本金 833.30 元、利息 465 元，此后每月归还的本金额不变，而利息则逐月递减 39 元。如果购房者今后不打算提前还款的，应选择后一种月还款方式，将可以减少贷款总利息支出 2 754 余元。

买二手房的细节问题

（1）订金。在二手房交易中，因为订金的问题经常发生买卖双方的冲突。订金是对买方的约束，如果卖方收取了订金而违约，就要双倍返还订金。

收订金后，如果买方没有按时履行约定，卖方将房转卖他人时应该手握对方退房申请，最好让买方写书面退房申请，否则将要双倍返回订金。

购房合同对双方当事人都具有法律约束力，任何一方不得擅自变更或解除合同。如果买房人违约在先，卖房人可不退订金。买房人没有以书面方式明确表态不履约，则房主在未解除合同也不退订金的情形下将房子卖给他人的行为就违反了合同。

对于房主而言，若买房人提出退房或解除合同，应要求买房人提出书面解约的申请或声明，以保全有对方违约在先的证据，之后才可以将房子卖给第三方。

（2）付款方式。房款如何支付，必须在合同中详细写清楚。买卖房子属于大宗交易，所以交易如何付款、如何收款一定要详细说明，最好能找到合适的银行托管，以防止生变。

双方签订买卖合同时，应对付款流程、方式和时间作出明确、具体的约定。买房人如果将购房款交给中介公司再转交卖方，应先审查中介公司的资质状况。特别是不能将购房款交给中介公司的个别职员，防止他们卷款潜逃。

目前有的中介公司已经与国内银行共同开发了二手房交易资金托管业务，由银行作为担保人。买房人先在银行开设一个经管账户，并将房屋首付款或者全部价款存入该账户。当买房人确定已经安全办理了房屋过户手续后，就可通知银行将该笔存入的房款转给卖房人。这样就可以保证资金安全。

（3）房龄。一样的房子，建造年代不同，房子的价格肯定不同。

如今，人们普遍重视房屋的位置、实用性和价格，房屋折旧率则被忽略了。这并非是购房者不重视，而是市场将其隐藏了起来，误导购房者忽略了这个问题。专业人士认为，忽视房屋折旧率对购买者而言是不公平的，大家都知道房屋都有一定的使用年限，况且土地使用权也是有年限的，我国通常情况下最长只有 70 年。

（4）产权。买二手房一定要过户，手里没房地产证隐患多。房地产证是证明房主对房屋享有所有权的唯一凭证，没有办理房地产证对买房人来说有得不到房屋的风险，也会引发较多的纠纷，所以买房必须要及时办理房屋过户手续。

如果买卖双方同意，最好到公证处去办个提存公证，即买方将购房款存放到公证处，在条件符合约定的情况下，由公证处将该笔款项支付给卖方。

也可到律师事务所办理提存见证，由具有专业资质的律师事务所来充当"公证人"的角色。申请了公证或见证后，如产权证办不出来，那么卖方是收不到钱的。

除了要看房屋是否有房地产证外，还要查清房屋的以下几点情况。

要点一：房屋产权是否明晰。有些房屋有好多个共有人，如有继承人共有的、家庭共有的，还有夫妻共有的。对此，买房人应当和全部共有人签订房屋买卖合同，否则无效。

要点二：交易房屋是否被租赁。买二手房时，应注意该房屋是否已被出租。我国法律有"买卖不破租赁"的原则。也就是说，如果购买房屋时该房屋已被租赁，则该租赁合同对于新的房主而言继续有效。

要点三：土地情况是否清晰。买二手房时买房人应注意土地使用性质，看是划拨还是出让。划拨土地一般是无偿使用，政府可无偿收回。同时，应注意土地使用年限。

要点四：福利房屋交易是否受限制。房改房、经济适用房本身是福利性质的政策性住房，转让时有一定限制，买房人购买时要避免买卖合同与国家法律冲突。例如：经济适用房的交易是有一定限制的，购买5年以上才可进入市场并按市场价进行转让，5年以内则只能以原价转让，而且购买方还必须符合购买经济适用房的条件。

在实际看房时，最好要实地调查，明确房屋的具体情况，签订合同一定要看清房屋的具体情况，如地址、面积、楼层等。对于房屋实际面积与产权证上注明的面积不符的（如测绘的误差、某些赠送面积等），应在合同中约定：是以产权证上注明的为准，还是双方重新测绘面积为准，这些都必须予以明确。

（5）公证。买卖双方大部分是不熟悉的双方进行交易，不可能对房子的各种状态了解透彻，这样可以让房屋中介就一些问题的磋商之后做一些公证。这样，花费不大，但是具有法律效力，一旦出现纠纷，可以按照公证内容做裁决。

①买卖合同公证：主要针对房屋买卖当中一方当事人为境外人的情况。在房屋买卖过程当中，如一方为境外人则买卖合同必须经过公证后方生效，否则无法送交易中心交易，所以境外人办理相关房屋买卖必须办理买卖合同公证手续。

②委托公证：主要指房东或客户方无法亲自办理相关房地产过户手续，只能委托其他人或中介公司办理相关手续，由于交易中心无法确认手写委托书的真实性，交易中心一般会要求无法亲自到场的当事人出具公证后的委托书，方为其办理相关的过户手续。

③贷款合同公证：境外人购房如需贷款，则其贷款合同必须经过公证处公证生效。

④赠与公证：在二手房交易中还有一种方式即赠与，原房主自愿将房屋赠与给他人，并要求将房屋产权人名字进行更改。

⑤复印件与原件相符公证：以前政策允许转让期房时，由于可以不经开发商同意进行交易，而客户不经开发商同意进行交易，开发商也不愿提供相关的预售合同，但交易中心交易必须提供足够的预售合同方能交易，因此必须拿着房东手中的预售合同办理复印件与原件相符的公证，拿出6本以上的合同前往交易中心办理转让手续。

（6）证件。二手房交易办证所涉及的资料与证件有：《房屋转让合同》原件；收款凭证；买卖双方个人身份证、户口簿及私章；转让前房屋所有权证、契证、土地使用权证；《二手房交易具结书》。这些证件都是必需的，一个也不能少，否则二手房买卖就存在一定的瑕疵，留下后患。

如何让二手房卖个好价钱

时下在中介公司挂牌的二手房比比皆是，为了让住了10多年的老房子卖出或租出个好价钱，卖主可能要花点心思，把老房子再打扮一下。

用于出售或出租的旧房再装潢，自然不同于自住房，这需要来点换位思考，从购买方的角度考虑：这房子够这个价吗？

当卖主考虑出卖住宅时，有针对性地整修一新，确实能卖个好价钱。一般而言，家庭再装潢有两种方式：一种是将资金投入某些舒适的奢侈品，例如，梦寐以求的采暖地板；另一种是遵循实用主义的装潢原则，例如，添一个节能热水器或修复漏雨的墙面。这两种方式的装潢对提高住宅的市价效果迥然不同。无关紧要的奢侈品投资一般无法收回。举个简单的例子，哪个房屋买家肯为浴室里新装的豪华电话埋单呢？

以下几个重新装修项目在二手房中是最有可能获得回报的。

1. 重新油漆

打算卖房子的话，粉刷一新的房屋在市场上更受欢迎。没有人想买看上去陈旧脏破的房子，而粉刷和油漆能弥补这一缺点。据统计，重新粉刷的成本能在卖价中收回74%左右，一套干净、整洁、鲜亮的房屋——这就是重新油漆的卖点所在。

2. 厨房的再装修

对大多数买家而言，厨房是住所的"心脏"。因此卖房前整修厨房可起到事半功倍之良效。需要做吊顶或油漆甚至重新铺地砖等基础工作。把油漆剥落并看上去脏乎乎的橱柜给换掉，花费不多，但会使厨房增色不少。需要注意的是如重新装修还是尽量采用传统的设计，这不易过时，并尽量使用国产名牌。这样既经得起岁月考验，又可以得到买主的认同。据统计，重新整修厨房的花销 80%~87% 能在房屋的卖价中得到补偿。

3. 创造新空间

依常理，增加房间空间的功能比简单地粉刷房间更有价值，开销也不大。例如：将房间里原有的三层阁改造成卧室的套间。通常改造费用的 69% 可得到补偿。

4. 增加一个盥洗室

在家里增添一个设施齐整的盥洗室——包括吊顶、洗脸盆、浴缸和淋浴设施等。出售住宅时 81% 的开销会得到补偿。

5. 安装宽敞的新窗户

据统计，用新型的标准尺寸的塑钢窗户替代老式的铁窗会使二手房卖出意想不到的好价钱。但是新装的窗户讲究的是标准尺寸而不是花哨的形状和样式。

6. 基础设施的维修和改进

基础设施的完善是房屋物有所值的保证。假设屋子里的厨房装修一新，非常漂亮，但水龙头是漏的，怎么可能卖出好价钱呢？因此，如果决定出售房屋的话，一定要先解决房子结构和配套系统的问题，虽然这些问题可能比较棘手或处理起来比较麻烦，但也必须先处理完毕。然后再动脑筋使其焕然一新，卖出个好价钱。

家庭重新装潢费用的收回取决于两个因素：一是住宅所处地段的整体房价水平。当房地产市场火暴时，所付出的重新装修费用能够轻而易举挣回来了。二是重新装潢与卖出之间的时间差。装修一新而没有及时出手的住宅，装修费用的回收将大打折扣。因为装修风格随时间的推移很快就会过时。

Chapter 10
聪明人如何购买保险

俗话说:"天有不测风云,人有旦夕祸福。"在人类生活中有可能发生自然灾害和意外事故,也有可能不发生的或然风险。保险就是转移风险、补偿损失的最佳手段。

正如前英国首相丘吉尔所说:"如果我办得到,我一定把保险写在家家户户的门上,以及每一位公务员的手册上。因为我深信,透过保险,每一个家庭只要付出微不足道的代价,就可免除遭受永劫不复的代价。"

保险,人生的防护墙

保险是指投保人根据合同约定,向保险人支付保险费,保险人对于合同约定的可能发生的事故因其发生而造成的财产损失承担赔偿保险金责任,或者当被保险人死亡、伤残和达到合同约定的年龄、期限时承担给付保险金责任的商业保险行为。

保险可以起到以下作用。

1. 转移风险

既然风险无法避免,就可以通过买保险把自己的风险转移出去。保险公司就是接受风险的机构。接受风险转移是因为可保风险还是有规律可循的，保险公司通过研究风险的偶然性去寻找其必然性，掌握风险发生、发展的规律，为众多有危险顾虑的人提供保险保障。

2. 均摊损失

转移风险并非灾害事故真正离开了投保人，而是保险人借助众人的财力，给遭灾受损的投保人补偿经济损失，为其排忧解难。保险人以收取保险费用和支付赔款的形式，将少数人的巨额损失分散给众多的被保险人，从而使个人难以承受的损失，变成多数人可以承担的损失，这实际上是把损失均摊给有相同风险的投保人。所以，保险只具有均摊损失的功能，而没有减少损失的功能。

3. 实施补偿

分摊损失是实施补偿的前提和手段，实施补偿是分摊损失的目的。保险补偿发生在保险事故出现、投保人遭受损失之后。投保人不遭灾受损，保险人不予补偿，保险实施补偿要以双方当事人签订的合同为依据，其补偿的范围主要有以下几个方面：

（1）投保人因灾害事故所遭受的财产损失；

（2）投保人因灾害事故使自己身体遭受的伤亡或保险期满应结付的保险金；

（3）投保人因灾害事故依法对他人应付的经济赔偿；

（4）投保人因另一方当事人不履行合同所蒙受的经济损失；

（5）灾害事故发生后，投保人因施救保险标的所发生的一切费用。

4. 抵押贷款和投资收益

《保险法》中明确规定："现金价值不丧失条款。"客户虽然与保险公司签订合同，但客户有权中止这个合同，并得到退保金额。保险合同中也规定客户资金紧缺时可申请退保金的90%作为贷款。如果你急需资金，又一时筹措不到，便可以将保险单抵押在保险公司，从保险公司取得相应数额的贷款。

同时，一些人寿保险产品不仅具有保险功能，还具有一定的投资价值。如果在保险期间没有发生保险事故，那么在到达给付期时，你所得到的保险金不仅会超过你过去所交的保险费，而且还有本金以外的其他收益。由此可以看出，保险既是一种保障，又兼有投资收益。

认识保险类别

1. 财产保险与人身保险

根据保险标的的不同，保险可分为财产保险和人身保险两大类。

财产保险是指以财产及其相关利益为保险标的的保险，包括财产损失保险、责任保险、信用保险、保证保险、农业保险等。它是以有形或无形财产及其相关利益为保险标的的一类补偿性保险。

人身保险是以人的寿命和身体为保险标的的保险。当人们遭受不幸事故或因疾病、年老以致丧失工作能力、伤残、死亡或年老退休时，根据保险合同的约定，保险人对被保险人或受益人给付保险金或年金，以解决其因病、残、老、死所造成的经济困难。

按照保险责任的不同，人身保险可以分为人寿保险、人身意外伤害保险和健康保险。

（1）人寿保险。人寿即人的寿命，人寿保险是以被保险人的生命为保险标的，以被保险人生存或死亡为保险事故的人身保险。在实际中，人们习惯把人寿保险分为定期寿险、终身寿险、两全保险和年金保险。人寿保险是人身保险中最重要的部分。

（2）人身意外伤害保险。人身意外伤害保险简称意外伤害保险。意外伤害是指在人们不能预见到或违背被保险人意愿的情况下，突然发生的外来致害物对被保险人身体明显、剧烈地侵害的客观事实。意外伤害保险是以被保险人因遭受意外伤害事故造成的死亡或伤残为保险事故的人身保险。在全部人身保险业务中，意外伤害保险所占比重不大，但由于保费相对低廉，只需支付少量保费就可获得高保障，投保简便，无需体检，所以承保人次较多，如旅行意外伤害保险、航空意外伤害保险等。

（3）健康保险。健康保险是以被保险人的身体为保险标的，保证被保险人在疾病或意外事故所致伤害时的费用或损失获得补偿的一种人身保险，包括重大疾病保险、住院医疗保险、手术保险、意外伤害医疗保险、收入损失保险等。

2. 商业保险与社会保险

商业保险是指按商业原则经营，以营利为目的的保险形式，由专门的保险企业经营。所谓商业原则，就是保险公司的经济补偿以投保人交付保险费为前提，具有有偿性、公开性和自愿性，并力图在损失补偿后有一定的盈余。

社会保险是指在既定的社会政策的指导下，由国家通过立法手段对公民强制征收保险费，形成保险基金，用以对其中因年老、疾病、生育、伤残、死亡和失业而导致丧失劳动能力或失去工作机会的成员提供基本生活保障的一种社会保障制度。社会保险不以营利为目的，运行中若出现赤字，国家财政将会给予支持。社会保险的主要项目包括养老社会保险、医疗社会保险、失业保险、工伤保险、生育保险、重大疾病和补充医疗保险等。

商业保险和社会保险相比较，社会保险具有强制性，商业保险具有自愿性；社会保险的经办者以财政支持作为后盾，商业保险的经办者要进行独立核算、自主经营、自负盈亏；商业保险保障范围比社会保险更为广泛。

3. 个人保险与团体保险

按保险保障的对象分，可以把人身保险分为个人保险和团体保险。

个人保险是为了满足个人和家庭需要，以个人作为承保单位的保险。团体保险一般用于人身保险，是用一份总的保险合同，向一个团体中的众多成员提供人身保险保障的保险。在团体保险中，投保人是"团体组织"，如机关、社会团体、企事业单位等独立核算的单位组织，被保险人是团体中的在职人员。已退休、退职的人员不属于团体的被保险人。另外，对于临时工、合同工等非投保单位正式职工，保险人可接受单位对其提出的特约投保。

团体保险包括团体人寿保险、团体年金保险、团体人身意外伤害保险、团体健康保险等，在国外发展很快。特别是由雇主、工会或其他团体为雇员和成员购买的团体年金保险和团体信用人寿保险发展尤为迅速。团体信用人寿保险是团体人寿保险的一种，是指债权人以债务人的生命为保险标的的保险。团体年金保险已成为雇员退休福利计划的重要内容。近几年，美国有些雇员福利计划中还加入了团体财务和责任保险项目，比如，团体的私用汽车保险和雇主保险等。我国保险公司也开展了团体寿险、人身意外伤害险、企业补充养老保险和医疗保险等团体保险业务，但险种还不完善。随着经济体制改革的不断深入，商业保险的作用将不断加强，团体保险应有更大的发展空间。

4. 原保险与再保险

发生在保险人和投保人之间的保险行为，称之为原保险。再保险也称分保，是保险人在原保险合同的基础上，通过签订分保合同，将其所承保的部分风险和责任向其他保险人进行保险的行为。简单地说，再保险即"保险人的保险"。

我们把分出自己直接承保业务的保险人称为原保险人，接受再保险业务的保险人称为再保险人。再保险是以原保险为基础，以原保险人所承担的风险责任为保险标的的补偿性保险。无论原保险是给付性还是补偿性，再保险人对原保险人的赔付都只具有补偿性。再保险人与原保险合同中的投保人无任何直接法律关系。原保险人无权直接向再保险人提出索赔要求，再保险人也无权向原保险人提出保费要求。另外，原保险人不得以再保险人未支付赔偿为理由，拖延或拒付对原保户的赔款；再保险人也不能以原保险人未履行义务为由拒绝承担赔偿责任。

再保险是在保险人系统中分摊风险的一种安排。被保险人和原保险人都将因此在财务上变得更加安全。利用再保险分摊风险的典型例子就是承保卫星发射保险。该风险不能满足可保风险所要求的一般条件。保险人接受特约承保后，将面临极大的风险，一旦卫星发射失败，资本较小的公司极可能因此而破产。最明智的做法是将该风险的一部分转移给其他保险人，由几个保险人共同承担。

5. 车险

车险即机动车辆保险，也称汽车保险，是指对机动车辆由于自然灾害或意外事故所造成的人身伤亡或财产损失负赔偿责任的一种商业保险。

机动车辆是指汽车、电车、电瓶车、摩托车、拖拉机、各种专用机械车、特种车。

机动车辆保险为不定值保险，分为基本险和附加险，其中附加险不能独立保险。基本险包括交强险，第三者责任险（三责险）和车辆损失险（车损险）；附加险包括全车盗抢险（盗抢险）、车上责任险、无过失责任险、车载货物掉落责任险、玻璃单独破碎险、车辆停驶损失险、自燃损失险、新增设备损失险、不计免赔特约险。我们通常所说的交强险（即机动车交通事故责任强制保险）也属于广义的第三者责任险，交强险是强制性险种，机动车必须购买才能够上路行驶、年检、上户，且在发生第三者损失需要理赔时，必须先赔付交强险再赔付其他险种。

人生各个阶段的保险规划

人生每个阶段都会面临着不同的风险。在人生的各个阶段，都应该为自己购买一份保障。生活重心不同，每个阶段的保险规划也应有所不同。

第一阶段，成年之前的保险规划：0~18周岁。

这是由父母替孩子买保险的阶段。在0~8岁这个幼儿时期，容易得一些流行性疾病，所以建议要多买医疗险。

而到了8~18岁少年时期，比较适合选择时间间隔短的分红产品，可以一定程度上替代教育金给付。当然，还可以考虑缴费和支取都非常灵活的万能寿险。同样，这个年纪的意外险、医疗险也是不可或缺的。

第二阶段，单身贵族时期的保险规划：22~28周岁。

年轻人刚步入社会，一般都有一定收入，但可能不高也不太稳定。在消费方面往往无计划，大手大脚的而不易有积蓄，经常会出现需要用钱时无大量现钱可用的情况。同样也因为年轻，人们承受失业等问题的能力强，抵御疾病的能力也比较强。

初入社会的人为规划好钱财，从储蓄方面考虑可以购买如5年、10年的储蓄投资型保险，在获得保险保障的同时，可变相获得一份"储蓄投资"。也可购买消费型的意外险，因为价钱便宜，而且可以获得较高的保障。

健康方面，主要考虑中短期的住院医疗险和重大疾病险等。之所以建议买中短期保险是因为人还年轻，来日方长，而且保费便宜，成本低，保障高。储蓄型的重疾险是越年轻越便宜，而且身体健康情况保险公司容易受理，如情况允许也可以考虑。

第三阶段，走进婚姻后的保险规划：28~35周岁。

结婚是人生的一个重大转折，保险需求也要大大提升，此时需要从整个家庭的风险角度选择保险产品，包括万一身故或失去工作能力时，如何保障家人的生活，同时也应考虑未来的养老金以及子女教育经费、医疗资金、房屋贷款等。这一时期的保险设计，一般以家庭的主要经济支柱为主。夫妻双方都可以选择保障性比较高的终身寿险，并附加一定的医疗险和意外险。在经济条件允许的前提下，还可以选择投资分红类产品。

　　第四阶段，为人父母时候的保险规划：35~60 周岁。

　　为人父母之后，小孩并开始不断成长、受教育，而自己也不断变老，上有老，下有小，面临的各种问题也最多。这时就应该把家庭成员当作一个整体来统一考虑，不同的成员有不同的保险需求。

　　一方面，应该购买意外疾病险，其中家里的经济支柱是重点投保对象，也就是说给赚钱最多的人买最好、最多的保险。首先，为其买意外疾病险，万一遭遇不幸，赔偿金将给家庭设置了一个保险屏障；其次，可以为其购买人寿保险，如果不幸去世，所投保的寿险也会全额给付养老金；再次，可为其他家人选择重大疾病和医疗保险，以保证万一患病时不致对家庭经济造成冲击。医疗险有普通医疗保险、大病保险和住院保险，可按照每人的实际情况选择其中的一项乃至多项。

　　另一方面，若是为了筹备子女的教育经费，则可以选择教育金等储蓄性的商品。子女还小时，可以购买一些有关儿童保险的复合险种，这些险种能够覆盖孩子的教育、医疗、创业、成家、养老等，能有效保障孩子的方方面面。

　　第五阶段，退休养老时期的保险规划：60 周岁以后。

　　随着现代人平均寿命的延长，退休后的生活保障问题也就显得越来越重要。按一般人 60 岁退休计算，退休后约有 15~20 年的经济衰退期。因此，应该在青、中年的时候为自己积累一笔足以支付老年生活的基金。对于那些即将迈入退休期的中年夫妇，由于孩子已经基本独立，家庭负担减轻，尤其不要忘记为退休后的老年生活费用和医疗费用做准备。买养老保险与健康医疗险应该是一个不错的选择。

哪些人最需要买保险

1. 中年人

这主要是指40岁以上的工薪人员，他们往往是上有老、下有小，还要考虑自身退休后的生活保障，因此必须考虑给自己设定足够的"保险系数"，使自己有足够的能力承担家庭责任，也为晚年的生活提前做好准备。

2. 身体欠佳者

目前，我国正在进行医疗制度的改革，在原有的职工负担一部分医疗费、住院费的基础上，要适当加大职工负担的比例。这对于身体不好的职工来说，与公费医疗时相比，有很大差别，因而他们迫切需要购买保险。

3. 高薪阶层

由于这部分人本身收入可观，又有一定数量上的个人资产，加之自然和不可抗力的破坏因素的存在，他们也急需要寻找一种稳妥的保障方式，使自己的人身和财产更安全。保险能为他们提供人身及财产的全面保障计划。

4. 岗位竞争激烈的职工

这主要指"三资"企业的高级雇员和政府部门的公务员，他们比一般人更有危机感，更需要购买保险，以寻求一种安全感。

5. 少数单身职工家庭

单身职工家庭经济状况一般都不富裕，无法承受太大的风险，因而，他们也迫切需要购买保险，以应对以后可能突发的问题。

如何长期投资分红保险

具有分红功能的保险产品在国际市场上已经成为主流，进入中国市场后也受到了保险客户的欢迎，但是由于近年来分红水平的不理想，分红保险一度陷入低潮。让我们从红利的来源着手，对分红保险及其分红做一个全面的认识。

我国第一批分红保险产品是 2000 年 3 月由友邦保险上海分公司率先推出的。此后，各种分红保险产品如雨后春笋般涌现，虽然名称不同、保障内容各有侧重，但讲到红利，总是来源于三个方面：死差益、利差益和费差益。

死差益是指实际的风险发生率低于产品设计时预期的风险发生率，即实际死亡人数比预期死亡人数少时产生的盈余；利差益是指实际的投资收益高于产品设计时预期的投资收益时产生的盈余；费差益是指实际的营运管理费用低于产品设计时预期的营运管理费用时产生的盈余。

保险公司在厘定保险产品的费率时要考虑三个因素：预期死亡率、预期投资回报率和预期营运管理费用。费率一经厘定，不能随意改动，但寿险保单的保障期限往往长达几十年，在这样漫长的时间内，实际发生的情况可能同预期的情况有所差别。一旦实际情况好于预期情况，就会出现死差益、利差益和费差益，综合起来就是分红保险账户的盈余。保险公司根据每张分红保单对该账户盈余的贡献，按一定的比例分配给投保人，这就是红利。一言蔽之，红利来源于保险公司实际经营情况好于预期情况时所产生的盈余。

在了解了红利的来源后，我们就可以对目前常见的几个误区做一次剖析。

误区一：红利最高可达多少、最低会有多少。

既然红利来源于保险公司实际经营情况好于预期情况时所产生的盈余，那么只有当实际情况发生后才能确定红利，事先任何关于红利的估计数字都是假设。但在销售过程中，某些代理人会把红利说成是有保底的，而且最高可达多少，这是在误导投保人。红利会随着实际情况而变化，有时甚至为零。对此，投保人要有正确的了解和充分的心理准备。

此外，根据保监会规定，参加过专门的分红保险培训且通过考核的代理人，方能销售分红保险。有的保险公司更在此基础上，精选出道德优良、业务能力过硬的代理人，授权其推销分红保险。投保人可通过打电话到保险公司查询，找到放心的代理人。

误区二：投资收益率越高，分红就越多。

红利不仅来源于利差益，还来源于死差益和费差益。良好的投资收益确实可以带来较好的利差益，但如果出现较大的死差损和费差损，综合起来可能会抵消掉利差益。死差和费差是由保险公司的核保能力和费用控制能力决定的。有的保险公司在核保时把关很严，不但要体检，还对高保额的保单进行财务核保，在车辆、办公用品等方面也严格控制。越是这样的保险公司，越有可能为客户提供长期理想、稳定的红利分配。

对于投资收益率，投保人也要擦亮眼睛。有的年投资收益率是根据一个季度或更短时间的投资收益率推算出来的，并不能反映该公司全年或更长时间的投资收益能力。

总之，分红保险考验的是保险公司的综合素质，假如把红利与投资收益率或投资市场的表现直接挂钩，片面强调投资乃至夸大投资收益率，则是断章取义，只会令投保人徒增烦恼。

误区三：拿分红保险和储蓄相比。

目前在银行柜台销售的保险产品绝大多数是分红保险，由于某些不规范的操作，投保人很容易把分红保险的红利和银行储蓄的利息作比较。实际上，如果撇开死差和费差不谈，红利也只是利差。它和利息是完全不同的两个概念，是不可以直接比较的。再有就是储蓄利息是事先锁定的，而红利则无法事先确定，要看保险公司实际经营的情况。而且，分红保险属于保险的范畴，提供寿险保障是保险最大的特色。

误区四：红利分得越多，该分红保险产品越好。

不同的分红保险产品所分得的红利多少，是不能简单加以比较的。红利多，并不一定代表该产品的"收益"就一定高。因为分红保险的利益是由保证利益和不保证利益两部分组成的，有的产品在设计时侧重保证利益，红利就有可能分得少；有的产品虽然红利可能较多，但保证利益不高。因此，片面地关注红利的多少是没有实际意义的。即使两个人投保同一家保险公司的同一个分红保险产品，也有可能由于其他原因，分到的红利不同。这是因为他们投保的时间有先后、缴费的方式不同或有人发生过保单贷款等，造成他们对分红保险账户盈余的贡献不同。

误区五：红利分得多，表明该保险公司好。

随着市场竞争的激烈，有时个别保险公司会采取"特殊"的分红办法，将以后保单年度的红利"提前分配"。仅仅根据一两年的分红情况就对一家保险公司的经营能力进行判断，就是资深的保险专家也很难做到，更何况普通投保人。

在澄清了以上种种误区之后，投保人不禁要问：那么，分红保险的价值到底体现在哪里？应该怎样选择分红保险呢？

分红保险是一种兼顾寿险保障和投资回报的保险产品。它的特征在于：在保证保险利益的基础上，使投保人有机会分享到分红基金的大部分经营成果，其最大的风险也不过是没有红利可分。因此，分红保险受到了同时注重保障和投资的投保人的青睐。但分红保险毕竟还是寿险，寿险保障才是它的最主要利益，这一点可能被很多人忽略了，故而才会造成片面注重投资回报的现象。

想了解保险信息，可分以下几步。

第一步是找一家可以长期信赖的保险公司，而只有财务稳健的保险公司，才能做到让客户终身信赖。

那么，怎么判断保险公司的财务是否稳健？国外的经验是借鉴权威评级机构如标准普尔、穆迪等给予该保险公司的财务评级，因为这些独立的评级机构拥有严格的审核制度和一批经验丰富的专家，能够对金融机构作出全面、客观和公正的评判。如友邦保险获得了标准普尔的AAA最高财务实力评级。

第二步是量体裁衣、量力而行，根据自己的实力和需求选择一个适合自己的分红保险。

从目前国内的分红保险来看，0~50周岁的人士都可以投保，缴费方式有一次性缴清、年缴、半年缴和季缴等。投保人可将保障期较长、保障功能较强的分红保险作为自己的主要选择，毕竟分红保险的主要利益还是保障。此外，还可以根据自己的喜好和需求，选择现金红利、增值红利、养老金红利或儿童教育金红利的分红保险。

第三步是做好长期投资的准备。

由于分红保险是一个长期的险种，它在考验保险公司经营管理能力的同时，也要求投保人具备理性的投资心态，千万不能盯着短期的红利，毕竟高回报的背后是高风险。成熟的投保人往往会选一家有丰富经验的和被历史证明过的保险公司，这样面临的风险会比较小，也是对自己的资金做到了认真负责。

买保险时要注意抠细节

买保险已不是什么新鲜事了,越来越多的人意识到应该给自己的未来加一份保障。不过,总有客户反映,投保容易理赔难,而保险公司也委曲,自己是按保险合同办事,为什么会出现这样的局面?当然,不排除个别业务员为完成业绩任务作出不负责任的承诺,但如果投保人对保险基本知识没有太多盲点,在投保时细致一点,这种情况或许可以避免。

一般情况下,任何一家保险公司任何一款险种的保险条款中,都会规定"投保范围"。例如,投保人与被保险人的实际年龄有误,或者投保人与被保险人没有《保险法》规定的保险利益,保险公司完全可以拒赔。

在"保险责任"中,需要注意的是,会有一个观察期的规定,一般为180天,目的是防止恶意诈保的事件的发生。在观察期内,被保险人发生意外,保险公司是不赔的。

同时,在保险条款中,还有明确"责任免除"条款规定,以某保险公司的某寿险条款为例,在该条款第五条是这样表述的:"因下列情形之一导致被保险人身故、身体高度残疾或患重大疾病,本公司不负保险责任:

(1)投保人、受益人对被保险人的故意行为。

(2)被保险人故意犯罪、拒捕、自伤身体。

(3)被保险人服用、吸食或注射毒品。

(4)被保险人在合同生效(或复效)之日起2年内自杀。

(5)被保险人酒后驾驶、无有效驾驶执照驾驶,或驾驶无有效行驶证的机动交通工具。

(6)被保险人感染艾滋病病毒(HIV呈现阳性)或患艾滋病(ADIs)

期间，或因先天性疾病身故……"

不同的险种在此条表述中，会有一定差别，投保人在填写保单时必须注意是否有相应情况，避免日后出现争议。

一旦购买保单，就要按时交费。如果投保人没有在规定日期交费，保险公司会给予一定的宽限期，一般是60天，在宽限期内发生意外事故，保险公司承担保险责任；宽限期后仍不交费的，保险公司会根据保单的现金价值自动垫付使保单有效，若垫付费用不足，则保单效用中止，再发生事故，保险公司则不承担保险责任。

保险业有个"最大诚信原则"，要求保险公司和投保人都必须履行"如实告知"的义务。对于投保人来说，一定要如实回答保险合同中列明的各项问题，可能你一个小小的"隐瞒"，就会失去日后索赔的权利。通常，故意不告知的，保险公司对于合同解除前发生的保险事故不承担给付保险金的责任。

最后，提醒大家一个细节问题，那就是签名。一般除了没有法定行为能力的人（如未成年人），投保人、被保险人、受益人都应该是亲笔签名，不要代签，哪怕是最亲近的人，也不要让保险业务员帮忙填写，以免日后出现纠纷。

只要在投保的过程中认真对待以上细节问题，发生意外后你就会觉得保险理赔并不难。

买保险的六要六不要

随着人们保险意识的不断增强，我们身边买保险的人也逐渐多了起来。买保险就是买未来生活的保障，因而要慎重。买保险要坚持六要六不要的准则。

1. 要放下成见，不要偏听、偏信

保险公司是经营风险的金融企业，《保险法》规定保险公司可以采取股份有限公司和国有独资公司两种形式，除了分立、合并外，都不允许解散，所以，大可放下门第之见入保险，但重点要看公司的条款是否更适合自己，售后服务是否更值得信赖。

2. 要比较险种，不要盲目购买

每个人在购买贵重商品时，都会货比三家，买保险也应如此。尽管各家保险公司的条款和费率都是经过中国人民银行批准的，但比较一下却有所不同。如领取生存养老金，有的是月领取，有的是定额领取；同是大病医疗保险，有的是包括 10 种大病，有的只保 7 种。这些一定要搞清楚，弄明白，针对个人情况，自己拿主意。

3. 要研究条款，不要光听介绍

保险不是无所不保，对于投保人来说，应该先研究条款中的保险责任和责任免除这两部分，以明确这些保险单能为你提供什么样的保障，再和你的保险需求相对照，要严防个别营销员的误导。没根没据的承诺或解释是没有任何法律效力的。

4. 要确定需要，不要心血来潮

买保险首先考虑自己或家庭的需求是什么，比如担心患病时医疗费负担太重而难以承受的人，可以考虑购买医疗保险；为年老退休后生活担忧的人可以选择养老金保险；希望为儿女准备教育金、婚嫁金的父母，可投保少儿保险，或教育金保险等。所以，弄清保险需要再去投保是非常重要的。

5. 要考虑保障，不要考虑人情

保险是一种特殊商品。一件衣服或一套家具买来了，如果不喜欢可以不穿不用，也可以送人，而保险则不能转送。有些人买保险，只因营销员是熟人或亲友，本不想买，但出于情面，还没搞清条款，就硬着头皮买下，以后发现买到的保险是不完全适合自己需要的险种，结果是不退难受，退了经济受损失也难受。

6. 要考虑责任，不要只图便宜

俗话说："一分钱一分货。"保险也是如此，不能光看买一份保险花了多少钱，而要搞清楚这一份保险的保险金是多少，保障范围有多大，要全方位地考虑保险责任。

保险理赔注意事项

王先生 2007 年买了意外伤害险，期限是 5 年。

2007 年十一假期的时候，王先生在街上行走，过马路的时候被一辆慢速行驶的车轻轻地擦了一下。王先生顿时觉得胸闷头晕。后被急救车送往医院，在途中病情加重，经过抢救无效死亡。在医院的死亡证明书上写着死亡原因是心肌梗死。

王先生的家人拿着意外伤害险有效保单及死亡证明等材料，向保险公司索赔，但遭到保险公司的拒绝。

保险公司的理由是：王先生与轿车发生碰撞是诱因，同样的事情发生在正常人身上，是不会导致死亡的。导致王先生死亡的原因是心肌梗死，不属于意外险责任范围。这让王先生家人很不能理解。

在保险理赔的过程中，由于各种原因，总免不了发生一些纠纷。其实单从理赔的角度来讲，只要符合保单上的规定和程序就可获得理赔；反之就得不到。

在保险理赔的过程中，要注意到以下几点。

1. 及时报案

所有保险产品的索赔都是有一定期限的，因此投保人想要维护自己的权益，最重要的就是要在第一时间与保险公司及时建立联系。保险事故发生后，要通过电话、书面、传真等形式及时通知保险公司并提出给付保险金申请。对于意外事故、可能涉及身故、残疾等索赔金额较高的保险事故，要在事故发生后立即通知保险公司，否则有可能要承担因迟缓通知而致使保险公司增加的调查费用。对于一些需要及时固定，却因未报案而未固定的证据一旦灭失，保险责任难以认定，消费者面临的损失可能更大。事实上，及时报案，不仅即刻得到保险公司电话咨询人员的指导，避免了非定点医院治疗不能赔付的纠纷，还避免了日后再回出险地收集理赔资料的麻烦。

2. 注意索赔时效

理赔时保险索赔必须在索赔时效内提出。超过时效，被保险人或收益人不向保险公司提出索赔，不提供必要单证和不领取保险金，视为放弃权利。险种不同，时效也不同，人寿保险的索赔时效一般为5年，其他保险的索赔时效一般为2年。索赔时效应该从被保险人或受益人知道事故发生之日算起，事故发生后，投保人、被保险人、受益人应当先止险报案，然后提出索赔请求。

3. 准备好必需的申请文件

它包括给付申请书、保险单、最近一次缴费凭证、相关人员的身份证明、保险合同约定的其他证明文件。

4. 定点医院

根据保险合同约定，前往保险公司指定的定点医院进行诊治。若因特殊原因不能到保险公司的定点医院诊治，需及时通知保险公司，并得到保险公司的同意，否则将有可能给后续的理赔带来不便和损失。

5. 进行事故调查

申请资料收齐后，保险公司的理赔部门开始着手进行调查。保险公司也许要求客户配合公司进行调研，并提供附加材料和证据。如果投保人在投保时有隐瞒病史的带病投保或被保险人没有亲笔签名等情况，都会给索赔工作的顺利进行带来障碍。最后，保险公司将审核、计算、确定赔付金额，并通知客户前往领取保险金。

6. 受益人要明确

保险金受益人是保险公司支付赔款的对象，保险公司在支付前会严格审核受益人的资料以避免发生给付差错。因此，建议投保人或被保险人在签订合同时即对身故受益人予以明确。

保险专家指出，如设立多个受益人，理赔申请时受益人身份确定困难；领取理赔款时多个受益人同时到场，也给受益人带来诸多不便。一旦受益人之间发生财产分割纠纷，还需要对簿公堂，未来还有征收遗产税的隐患等。

后记　不得不理财的现代人

我不想谈钱，不想那么世俗。

我想要过面朝大海，春暖花开的生活。

世界那么大，我想去看看。

……

你想做什么都可以，只要有金钱的支持做后盾。

在现代社会的大分工环境中，人类早已失去了自给自足的能力，要生存下去，必须先把自己的劳动成果卖成钱，再拿钱去买你想要的一切。

而且，在时间的流逝中，还有合法的"小偷"在不断地偷走你的钱，例如通货膨胀。

乘一部下行的自动扶梯，只有以高于扶梯下行的速度向上走，你才能走得上去。考虑到通货膨胀，你的财富其实也在乘一部下行的自动扶梯，只有财富的增值速度超越通货膨胀率，你的财富才能得到保障。

如果你借给我 100 元，而我只还 95 元，你或许并不介意，毕竟只少了 5 元钱；可是，每次您借钱给人，别人都打九五折还给你，你一定会跳起来，不是吗？

正是由于通货膨胀的存在，你的购买力也是在持续缩水的。一年 5% 的通胀率也许不是什么大事，但是 30 年持续 5% 的通胀率会对资产的实际价值产生重大的影响。

因此，在本书的最后，我只想写下："我们都是不得不理财的现代人"。无论贫穷还是富有，无论健康还是疾病，请像爱你的恋人一样，保持对理财始终不渝的热情吧。